老年人体能评估与运动设计

王登琦 ◎ 著

万卷出版有限责任公司
VOLUMES PUBLISHING COMPANY

图书在版编目（CIP）数据

老年人体能评估与运动设计 / 王登琦著. -- 沈阳：
万卷出版有限责任公司, 2025. 7. -- ISBN 978-7-5470
-6818-2

Ⅰ. G808.14
中国国家版本馆CIP数据核字第20255W76C2号

出版发行：万卷出版有限责任公司
　　　　　（地址：沈阳市和平区十一纬路29号　邮编：110003）
经 销 者：全国新华书店
印 刷 者：辽宁新华印务有限公司
幅面尺寸：180mm×255mm
字　　数：110千字
印　　张：12
出版时间：2025年7月第1版
印刷时间：2025年7月第1次印刷
责任编辑：王雨晴
责任校对：刘　洋
装帧设计：金石点点
ISBN 978-7-5470-6818-2
定　　价：78.00元
联系电话：024-23284090
传　　真：024-23284448

前　言

随着社会的发展进步，我国社会人口结构发生了很大变化，特别是近几年来，我国已进入老龄化社会，"4-2-1"家庭模式已经成为一种普遍现象，老年人的身体健康程度直接影响着家庭的幸福指数。

国家非常重视提高人民生活水平，个人对健康的需求也愈发强烈。体育活动是一种直接的、积极的增进健康的方法。老年人参加体育活动不仅能够增强身体的机能，提高免疫力，预防和缓解各种慢性疾病，还能促进心理健康，缓解压力。然而，很多老年人缺乏对体育运动的认知，甚至有的老年人盲目参加体育运动，过度追求运动强度，参与超出身体承受能力的活动，结果导致关节软骨磨损严重，膝盖疼痛肿胀，甚至引发了不可逆的关节疾病，不但没能达到锻炼效果，反而给自身健康带来了诸多隐患。

本书遵循人体发展规律，结合老年人实际情况，旨在为老年人提供全面的体育活动指导，因此在写作过程中尽量使语言通俗易懂，力求让老年人能够在低基础的前提下学懂知识，掌握技能，真正享受到运动带来的益处。同时，我们也借鉴了国内外先进的老年体育活动经验和研究成果，以确保本书的科学性。

《老年人体能评估与运动设计》一书结构严谨，全书划分为七章。开篇深入剖析老年人的生理特点，继而开展全面的能力评估，为后续内容奠定基础。书中着重阐述老年人体能评估的重要意义、方法，并细致呈现不同特点的老年人日常锻炼身体的科学方法，还介绍了根据评估如何个性化地制订运动处方。同时，对老年人常见的运动性疾病损伤进行了详细讲解，深入探讨老年人体育活动的组织策划事宜，以及患基础病等特殊群体老年人该如何进行评估及体育运动。无论是老年人期望科学系统地锻炼身体，还是从事老年人服务的相关工作者寻求专业参考，本书都值得参考。

该书的编写是一项探索性工作，本人专业知识有限，书中内容上一定会有欠妥之处，敬请各位读者批评指正。

王登琦

2025年4月

目 录

绪论

一、我国老年人口现状

社会老龄化程度日益加重，尤其是近年来我国老年群体数量持续增长。据统计，2010年我国65岁以上老年人占总人口比重为8.9%；2011年为9.1%；2012年达到了9.4%。最新统计截至2023年底，我国60周岁及以上老年人口数量为29697万人，占总人口的百分比增长到21.1%；65周岁及以上老年人口数量为21676万人，占总人口的15.4%。到了2024年末，我国60周岁及以上老年人口数量达到31031万人，占全国人口总数的22.0%，从这一数据可以看出，近年来老年人口数量比之前有明显增长。在这3.1亿的60岁及以上老年人口中，65岁及以上老年人口数为22023万人，占全国人口总数的15.6%。并且在这其中还有失能、半失能老年人超过4000万人。随着老年人口数量的持续增长，老年人在养老保障、医疗服务以及精神慰藉等方面都面临着诸多问题，这些问题值得我们关注。

二、我国老年人面临的现实问题

（一）存在收入差距

一部分老年人受教育程度高，有稳定的退休金、养老金或其他经济来源，经济状况相对较好，具有一定的消费能力。例如，一些曾经在机关事业单位、国有企业工作的老年人，退休后能够获得较为丰厚的养老金。但是，有绝大部分老年人，特别是农村、贫困地区的老年人，他们呈现出的特点是：受教育水平低，收入相对较少。加上老年人的能力逐步下降，他们想追求高质量的生活品质，但个人能力有限。

（二）普遍存在孤独感

为解决老年人养老问题，我国出台了一系列惠民政策，使老年人生活水平得到有效提高。有一句古训叫"养儿能防老"，当"防老"与子女的个人发展和生活质量产生冲突时，多数老人往往会考虑儿女，降低自我需求，选择支持儿女，支持他们去更适合发展的大城市生活。在现代社会，由于生活节奏的加快，年轻人工作繁忙，老年人儿女不在身边，还有丧偶等现象，使老人在精神层面陷入孤独的困境。以曾经担任过公职的老年人为例，他们在离退休之前，是披星戴月、全身心地投入工作，生活节奏紧凑而充实，一旦退休，生活节奏变缓，社会交往变少，儿女长大成人独立成家，加之年龄逐渐增长导致体力衰弱，行动不便，使得他们与亲友之间的来往也日益减少。社会上，政治、经济、科学文化等领域都在飞速地发展变化，老年人会感觉自己与时代脱节，这时孤独感会悄然而生。

（三）精神文化生活不够丰富

随着我国科学技术的不断发展和社会生活水平的不断提高，老年人的综合素质需求也不断提高，体现在老年人对生活水平、精神文化追求、思想观念和社会适应等方面需求的提高。很多老年人希望接触新事物、追求时尚，崇尚高质量生活，他们不再只是停留在传统的养老观念上，而是向往更精彩的养老、享老生活，特别是在精神文化的追求上有明显的需求。然而，目前我国大多数地方新型的老年人服务项目或配套机构数量还不够，尽管老年人有较高的社会参与意愿，但我们缺乏相应的平台和机会，他们的社会参与度相对较低，精神文化生活不够丰富。一些单位和组织在招聘志愿者、开展活动时，对老年人的关注度不够，导致老年人的社会参与受到限制。特别在农村，文化生活比较少，活动场所也相对有限，活动方式较为单一，还存在缺少设施设备、服务人员等情况。

（四）养老机构发展不平衡

近几年社会对养老问题有明显的重视，国家不断提高养老待遇，服务型机构也逐步兴起。但是，我国的养老机构数量和质量还远远不能满足需求，特别是地区之间、城乡之间的发展不平衡。城市地区的养老机构数量较多，服务质量和设施条件相对较好；而农村地区的养老机构数量较少，服务质量和设施条件相对较差。另外，养老机构的服务和收费水平标准较高，缺少适合低收入人群的养老机构。

三、如何提高晚年生活的幸福感

（一）健全社区服务体系，发挥服务功能

对老年人来说，社区活动是他们首选的活动方式之一。社区所具备的邻里互助、情感交流以及组织协调活动等功能恰好契合了老年人在精神与生活层面的需求，在一定程度上也为社区在养老过程中给予老年人精神慰藉提供了可能。然而，当前社区服务在开展老年人活动方面还存在诸多问题，例如，许多社区内活动室功能单一，大多仅提供如乒乓球、棋牌室等活动，缺乏专业的指导型服务人员带领开展文化活动。鉴于此，应当大力发展社区服务体系，以弥补家庭对老年人情感关怀的不足。一方面社区应大力组织开展丰富多彩的文化体育类

活动，丰富老年人的日常生活，实现"老有所乐"；另一方面社区可以搭建各类兴趣活动群体，建立如手工制作、园艺种植、合唱、读书等活动社团，使老年人都能找到自己的活动"圈子"，甚至鼓励他们参与多个群体活动。如此一来老年人可以重建社会联系，消除孤独感，实现较高层次的精神慰藉，提高生活质量。

（二）构建心理咨询机构，发挥心理辅导功能

老年人缺少人际交流是导致孤独、自卑感的主要原因之一，作为社区或养老机构服务人员要从实际情况出发，了解老人的生活情况，对老人进行心理辅导。有时候他人一句宽慰的话语、亲人一封平安的家书、一个送去温暖的电话、一件蕴含心意的礼物、一次有意义的交友活动，便能为老年人带来意想不到的帮助，使他们摆脱孤寂。这一切诚然需要我们用心解决，但更为重要的是要引导老年人学会自我调节。这就需要社区或养老机构建立专业心理咨询机构，可以通过定期开展心理健康讲座、举办减压活动、心理疏导等形式向老年人传授情绪管理、压力应对等自我调节技巧，建立服务档案了解个性需求，有针对性地培养老年人业余爱好，参加娱乐活动和体育锻炼等。帮助老年人学会寻找生活中的乐趣，获得自我满足的快乐。与此同时，这些活动还可以使老人保持一定的社会交往，从而使其更好地应对孤

独、自卑等负面情绪，拥抱充实而快乐的晚年生活。

四、老年人体育的发展及意义

当步入晚年生活阶段，众多老年人深刻认识到健康的重要性，如今我们随处可见参与体育锻炼的老年人。在公园、操场，集体的、个体的各种形式的锻炼方式已经比比皆是。老年体育的兴起为老年人开展健身活动、增进身心健康提供了直接和便捷的途径。通过各类体育活动可以使得老年人体质得以提升，从一定意义上讲也减轻了社会的一部分压力，有效缓解老龄化问题带来的诸多问题。

国家对老年体育事业发展高度重视，鼓励和支持老年人参与体育活动。例如，《全民健身计划（2021—2025年）》明确提出要加强老年人体育工作，致力于提升老年人的健康水平和生活质量。各地政府也积极落实国家政策，加大对老年体育事业的投入，全面建设体育设施，无论是社区健身广场还是老年活动中心都为老年人参加体育锻炼提供了坚实的硬件基础；另一方面，积极组织体育活动、培养体育人才投身于社区活动当中，为老年体育的发展创造良好的条件。

（一）老年人体育活动发展的现状

参与体育锻炼的人数占比较低。根据相关调查显示，我国城乡老年人参加体育锻炼人数极不平衡。在城市中，有三分之一左右老年人经常参加体育锻炼；在农村地区有规律参加体育锻炼的人数仅占总人数的六分之一左右，并且呈现出越是经济发达、文明程度高、受教育水平高的地区经常参加体育锻炼的老年人比重就越高，健身队伍的规模也越大。

体育设施配备不完善。受地区经济发展水平、文明程度及对健康的认知程度不同的影响，各地对社会性体育设施配备有着显著区别。在偏远农村地区，体育设施普遍缺乏、老旧，部分老年人认为做农活就是体育活动，这种认知上的差异直接影响体育文化的发展。相比之下，城市中虽然体育设施相对丰富，但近年来由于缺少维护维修，部分老旧小区存在体育设施器材老化的问题。

老年人对老年体育认知不足。受经济发展水平影响，人均消费能力有限，致使老年人用于体育锻炼的消费低，这在一定程度上影响了老年人对体育健身的认知。大多数老年人选择体育健身的方式并非建立在高度认知上，而只是随意而为，缺乏系统的理论指导，高兴时锻炼，有事时停止，没有从自身健康、家庭幸福的角度考虑问题，导致许多老年人未能充分发挥体育锻炼对身心健康的促进作用。

（二）老年人体育活动的特点

老年体育活动面临社会化。老年体育活动正逐步构建起全新的管理模式，现在已经逐渐变成了由政府调控、社会广泛参与和充满生机活力的新型老年体育管理机制组成，体育锻炼已成为人们生活的必需品，"花钱买健康"的理念逐步被人们认可。各类社会组织、企业纷纷涉足老年体育活动服务领域，为老年体育活动发展注入了强大动力。

老年体育活动呈现大众化趋势。健康就是幸福的理念已被大众接受，使得老年体育活动已成为老年人生活中不可或缺的元素。众多老年人已将体育健身作为晚年生活的重要组成部分。无论是公园里打太极拳的身影，还是傍晚广场上的健身舞蹈，都显现出老年体育活动的大众化趋势。

老年体育活动走向科学化。国家高度重视老年体育活动的科学发展，制定了国民体质测试标准，为老年人科学健身提供了明确的参考依据。通过体质测试，老年人能够了解自身身体状况，有针对性地选择适合自己的体育项目与锻炼强度。同时，专业的体育指导人员也能够依据标准，为老年人制订个性化的健身方案，推动老年体育活动沿着科学化、规范化方向稳步发展。

（三）老年人参加体育活动的好处

老年人经常参加体育活动不仅能够增强老年人的心肺功能、肌肉力量、柔韧性和平衡能力，还可以提高身体的免疫力和抵抗力，预防和缓解各种慢性疾病，同时，经常参加体育活动还可以调节神经系统的功能，提高老年人的反应速度和记忆力，保持大脑的活跃状态；老年人通过参与体育活动，可以促进心理健康、增强自信心和自尊心，提高生活的满意度和幸福感；还可以丰富老年人的业余生活，缓解孤独感和抑郁情绪，提升社会适应能力。

经常参加体育活动的老年人会让人觉得年轻有活力，同时展现出老年人特有的精神面貌，为年轻人树立榜样，为服务社会发挥余力，促进社会的和谐稳定发展；可以保持身体健康和精神状态良好，减少医疗负担。例如，一些老年人可以担任体育志愿者、教练等职务，为推广老年体育事业发挥余热。

总之，我们应该积极关注老年体育事业的发展，为老年人提供更好的体育服务和支持，让他们在体育活动中享受健康、快乐、幸福的晚年生活。

第一章
老年人特征与运动能力评估

第一节　老年人群体特征

一、认识老年人

什么样的人属于老年人？在不同的时期、地域、文化领域中对于老年人的定义存在显著差异，由于人的生命历程是一个渐变的过程，壮年和老年之间的界限往往是很模糊的。有些人认为年龄大了、做了祖父、祖母就是进入了老年期，有的人认为退休是进入老年期的一个标志。

国际上，世界卫生组织将60周岁以上的人群定义为老年人，而西方一些发达国家平均寿命较长，则将65周岁以上的人视为老年人。在我国则采用世界卫生组织的标准，将60周岁以上的公民称为老年人。但在现实生活中经常可见，同龄之人的身体状况却相差悬殊：有的身体健康、精神充沛，有的疾病缠身、暮气沉沉。我们可以看出单纯从出生年龄上划分显然是不科学的。那么到底如何看待老年人呢？目前国际上比较权威的有四种观点：

年代，即出生年龄。根据我国人口年龄情况国家规定：45～59岁划定为初老期，60～79岁划定为老年期，80岁以上属于长寿期。年代年龄能准确地记录个体出生的时间，具有标志性和不可更改性。

生理年龄是指以生物体的细胞、组织、器官以及系统的生理状态、功能，结合反应这些状态和功能的生理指标来确定的个体年龄。生理年龄60岁以上者一般被认为属于老年期。生理年龄的测定通常主要采用骨骼、血压、呼吸量、视觉、听觉、血液指标状况、皮肤弹性等多项生理指标来确定。

心理年龄依据个体心理活动的程度来确定个体年龄。目前一般认为从婴儿出生至19岁为未成熟期，20～59岁为成熟期，60岁以上视为衰老期。心理年龄受个人经历、心态发育等因素影响较大。

社会年龄根据个体在社会中与其他人交往的角色作用来确定年龄，受社会地位、阅历和参与社会活动能力影响较大。例如，一名机关干部退休后仍积极参与社会公益活动、组织各类活动，尽管他的年龄较大，但在社会交往中展现出的强大能力显示其社会年龄较低。

综上所述可以看出，除了年龄不可改变以外，生理年龄、心理年龄和社会年龄受诸多因素影响是可以通过身心锻炼、个人努力学习等行为而改变的，这意味着老年人可以通过学习、锻炼、社交等方式使自己活得年轻，活得自在。

二、老年人的身体特征

"健康是一种身体上、心理上和社会上的完美状态，而不仅仅是没有疾病和虚弱的状态。"这一经典的健康界定，深刻地揭示了健康的多维内涵。它明确地将人的精神、情感以及心理活动纳入健康的关键标志范畴。这是因为这些内在的活动与变化，绝非孤立存在，而是人体各项生理活动以及功能状态是否正常的综合性表现。

老年人的生理机能随着年龄增长逐渐衰退，身体各器官功能下降，如心血管系统的弹性减弱、呼吸系统的通气功能降低、消化系统的消化吸收能力变弱等，这些生理变化使得老年人更容易患上各种慢性疾病。在心理方面，老年人可能会因退休后社会角色的转变、亲友的离世等因素，产生孤独感、失落感等负面情绪，心理调适能力也相对变弱。而且，不同老年人有着独特的性格特征，有的开朗乐观，有的内向保守，这些性格特点会直接影响他们的生活质量。

（一）老年人的生理特点

衰老是生命体无法抗拒的自然规律。老年人应积极采取有效措施，正确认识衰老这一必然过程。衰老的变化及表现体现在以下几个方面：

形态发生老化。身体形态的改变，诸如皮肤松弛、身形佝偻、白发丛生，常使老年人对自身形象感到不满。与此同时，身体形态的变化宛如一个无情的信号，不断向老年人暗示着时光的流逝与生命的渐逝，让他们深切感受到来日无多的紧迫感。

感觉器官功能下降。两眼昏花、听力下降、味觉迟钝，这些都是老年人感觉器官功能下降的具体表象，功能的下降也会给老年人的生活和社交活动带来诸多不便。例如，由于听力功能下降导致容易误听，误解他人谈话的意义，出现敏感、猜疑，甚至产生偏执观念等。

神经运动机能缓慢。由于神经机能功能的减退，老年人的身体行动以及各项操作技能会逐渐变得缓慢、不准确、不协调，甚至出现笨拙、操作失误、迟钝等现象。这些都是正常的衰老现象。

记忆力减退。老年人的记忆呈现出独特特点。在日常生活中，他们往往对新近发生之事容易遗忘，那些刚经历不久的细节，常常在脑海中迅速模糊；与之形成鲜明对比的是，对于过往的遥远之事，记忆却清晰如昨，许多年轻时的经历、故事，都能生动且准确地回忆起来。从记忆能力方面来看，速记与强记对老年人而言颇具挑战，他们很难在短时间内记住大量新信息或进行高强度记忆工作。然而，在理解性记忆和逻辑性记忆领域，老年人并不逊色。凭借丰富的生活阅历与人生经验，他们能够在深入理解信息含义、梳理逻辑关系的基础上，很好地记住相关内容，展现出在这类记忆方式上的优势。

（二）老年人的心理特点

智力逐步下降。步入老年期智力也会有所下降，老年人智力的下降受许多因素影响，比如受教育水平、生活经历、环境和遗传等。虽然老年人可能会出现说话速度减慢、找词困难等问题，但他们的语言表达能力总体上保持较好。长期积累的语言知识和丰富的人生经验使他们能够较为准确地表达自己的思想和情感。在讲述故事、分享人生经验时，老年人往往能够运用丰富的词汇和生动的表达方式。对于那些在职业生涯中积累了丰富专业知识和技能的老年人来说，这些能力在退休后仍然可以保持较高水平。

情绪情感波动。老年人从忙碌的社会角色中脱离，转变为相对自由的个体，这一角色的重大转变在短期内往往令他们难以适应。由于不再承担以往复杂的社会职责，生活节奏和人际互动模式都发生了显著变化。在这个过程中，他们的情绪极易波动，尽管这些情绪不一定会直接通过外在表现流露出来，但内心的变化却十分明显。不少老年人会因此陷入消沉的状态，时常感觉生活失去了目标和动力；有的则会陷入郁闷的心境，对许多事情都提不起兴趣；还有些老年人会变得烦躁不安，对日常琐事缺乏耐心。这种情绪上的波动，成为老年人在生活角色转变阶段面临的重要心理挑战。

人格行为改变。随着年龄增长，老年人在人格行为方面会出现一系列显著变化，这些变化深刻影响着他们的日常生活与社交互动。许多老年人固执倾向加剧，越发坚持自己长期以来形成的观念和习惯，对新事物、新观念以及他人的建议表现出强烈的抗拒。这背后有着深层次的原因。一方面，多年丰富的生活阅历让他们坚信自己过往积累的认知方式和经验是正确的。例如，一些老人经历过物资匮乏的年代，养成了勤俭节约的习惯，哪怕如今生活条件大幅改善，也难以改变。他们会坚持收集废旧物品，不舍得丢弃，即便子女劝说这些物品已无实际用处，也很难改变他们的想法。另一方面，对新事物的陌生感使他们本能地产生不安。以使用智能手机为例，新的电子设备操作复杂，功能繁多，让老人感到困惑和无所适从。即便子女耐心教导，部分老人仍会因畏惧困难和对未知操作的担忧，拒绝学习使用，固执地认为传统的通信方式就已足够。

在做决策时过度谨慎，老年人常常陷入反复权衡、犹豫不决的状态。随着年龄增长，他们对错误决策可能引发的严重后果有了更深刻的认识。在投资理财方面，面对众多理财产品，他们深知一旦选择失误，可能会让辛苦积攒的养老钱受损，所以会花费大量时间研究，咨询多方意见，即便如此，仍可能长时间难以做出决定。在日常消费中同样如此，购买一件商品时，会仔细比较不同品牌、不同商家的价格和质量，反复考量性价比。比如购买一台电视机，老人可能会在各个商场之间奔波，对比不同型号的价格、功能，甚至会向周围人打听使用体验，迟迟无法下单，只为确保做出最满意的购买决定。

老年人自我中心感增强，对自身需求和感受的关注度显著提高，对周围人的行为和态度变得异常敏感，强烈期望得到更多的关心与照顾。在家庭聚会中，这种表现尤为明显。一些老人会不自觉地成为话题主导者，希望子女和晚辈围绕自己的经历、故事展开交流。他们会讲述过去的艰辛岁月、曾经的辉煌成就，期待晚辈们认真倾听并给予回应。若晚辈们注意力分散，没有给予足够关注，老人可能会感到失落甚至生气。在日常生活中，他们也更倾向于表达自己的需求，希望家人能优先考虑自己的意愿。比如，在安排家庭出游时，老人可能更希望去自己熟悉或有特殊意义的地方，而较少考虑其他家庭成员的想法。

在社交方面，老年人的行为也发生了明显改变。他们更倾向于与熟悉的老友交往，对拓展新的社交圈子兴趣索然。与老友相处时，共同的过往经历能唤起美好的回忆，产生强烈的情感共鸣。他们可以一起回忆年轻时的趣事、分享生活中的点滴，这种情感上的交流让他们感到无比愉悦和安心。例如，一群老同事定期相聚，聊聊过去工作中的点点滴滴，彼此之间的默契和理解是与陌生人交往所无法比拟的。而建立新的社交关系，对老年人来说面临诸多挑战。与陌生人交流需要重新适应对方的性格、兴趣和沟通方式，这需要投入大量的精力。同时，老年人的体力和心理调适能力下降，使得他们在面对新社交情境时容易感到疲惫和压力。所以，除非有特殊契机，否则他们更愿意维持现有的社交圈子，在熟悉的人际关系中度过晚年。

（三）老年人的性格特征

性格，作为个体对自身、他人、周围事物以及整体生活环境所秉持的态度与行为方式，是一种相对稳定的心理特征。通常情况下，人的性格会伴随身体发育的成熟而逐渐成熟并固定下来。老年人由于阅历丰富，拥有更为深厚的生活经验，这使得他们的性格特点愈发显著。由于他们的遗传因素、所处环境、经济地位、文化背景、生活经历、受教育程度等情况不同，因而其性格表现千差万别。心理学家将他们的表现分为以下类型。

自主型。这类老人对自己的一生有清晰而客观的认识，有智慧，富有创造力和生命活力，生活充满朝气，很愿为社会公益服务，或继续从事一些有技术的劳动。理解自己与晚辈的关系，不苛求别人。心理上能自我适应，不依赖别人，并以积极乐观的态度对待问题与困难。兴趣广泛，对未来并不感到苦恼，虽然与家庭环境不尽协调，但主观感受积极丰富，不怨天尤人。拥有这种性格的人并不多，他们能以不同的方式寻找适应的晚年生活，能在各自选择的生活中得到快乐和满足。

安乐型。这类老人没有过多的个人追求，对家庭和环境的要求也不高，只求生活的清闲和安适，在日常生活中显得悠然自得。但实际上，家庭环境是他们的庇护所，把自己的生活寄托在别人身上，在物质上，特别是在精神上依靠别人的帮助。如果家庭气氛比较和谐，他们可以生活得很好。

操劳型。这类老年人对闲暇时光持否定态度，他们试图借助不停的工作来抑制内心对衰老的担忧。生活中他们不轻易放弃对家庭生计的主导权，担心亲人，满心期望掌管家庭大权，不辞辛苦为家庭的各种事务操劳奔忙，对子女仍然保持着较强的控制欲。习惯将自己的经验与想法强加给别人，难以割舍对子女生活的干预。

愤恨型。这类人往往有不如意的生活经历，或者过去顺利，到了老年受到了承受不了的挫折，所以怨恨自己未达到人生目标，继而将对自我的不满转换成对亲人、眷属的敌意和苛求。表现为对人要求较多，好指责他人、埋怨别人，对人存有偏听，好追忆过去，个人又缺乏独立的个性，对未来表现得消极、抑郁。这种类型是不适应晚年生活的老年人格。

自暴自弃型。这种性格是愤恨的另一种极端表现。这种人经常把不满、愤怒情绪压在心底，常责备自己而不与他人沟通，对生活、事物都不感兴趣，消极悲观。在行为上极端退缩，深居简出，拒绝与人交往，整天形影相吊，孤独无援。这些人一旦有了疾病和失去生活自理能力，更容易轻易了此一生，走上绝路。这种类型是严重的不适应晚年生活的老年人格。

抑郁型。这一类老年人在面对离开工作岗位，以及社会地位、角色的转变时，适应能力较弱，难以融入全新的晚年生活。往昔工作时的充实忙碌、被认可与重视的状态，成为他们心中难以忘怀的美好回忆，导致他们时常沉浸于对过去的留恋之中。在当下的生活里，他们对周围的人和事提不起兴致，曾经能让他们热情高涨的活动，如今也无法激起内心的波澜。对未来，他们满心悲观，失去了信心与希望，看不到生活的意义与价值。由于日常活动匮乏，生活变得单调、空虚且无聊，这种状态在心理层面进一步加剧了他们的寂寞感、孤独感以及不安全感。长期处于这样负面的心理环境中，他们很容易逐渐陷入抑郁状态，发展为抑郁症，严重影响身心健康与生活质量。

易怒型。这类老人情绪敏感且波动大，一句不经意的话语、一个细微的举动，都可能成为他们情绪爆发的导火线。通常极为固执，一旦形成某种观念或习惯，就很难改变。缺乏情绪管理能力，在情绪产生时，易怒型老人难以有效地控制和调节自己的情绪。他们不善于运用合理的方式来宣泄负面情绪，往往选择直接以愤怒、发火的形式表现出来。常为家常琐事而大发雷霆。

偏执型。这类老人长期处于特定的生活轨迹与工作模式中，已习惯于运用固定、僵化的思维模式去分析各类问题。面对新情况、新观点，他们往往难以接纳，表现得极为固执。在日常生活里，哪怕是一些常规事务，一旦与他们固有的认知相悖，便会引发强烈抵触。其情感状态不稳定，有时情绪高涨，有时莫名低落。而且，他们主动与亲友交流互动的意愿极低，即便亲友主动关心问候，也常常表现得冷淡疏离，不愿敞开心扉，沉浸在自己的世界中，独自应对生活里的一切，拒绝外界的介入与帮助。

拘谨型。这类老人长期受限于特定的生活轨迹与工作模式，久而久之，养成了谨小慎微的行事风格。在面对新情况、新观点时，他们内心的恐惧与不安占据上风，严重缺乏主动探索的勇气，进取精神与上进心更是无从谈起。在日常生活中，哪怕是做出一些微小改变，或是尝试接触新事物，都能让他们感到焦虑与抗拒。这种心理状态如同慢性侵蚀的暗流，对老年人的生理功能与心理功能产生了极为负面的影响。从生理层面来看，长期的精神紧绷与消极心态，使得身体各器官的活力逐渐下降，免疫力降低，加速了身体机能的衰退。在心理方面，他们愈发封闭自我，对生活的热情与期待日益减少，情绪愈发低落且不稳定，进而加快了心理衰老的进程，陷入一种恶性循环，越发难以走出自我封闭的困境。

混合型。有些老人的性格不稳定，有时呈现抑郁型，有时却表现出自责型，或者偏执型的症状，这种性格通常称为混合型，不能简单地下结论，应具体情况具体分析。

如果各方面条件都很优越，则老人性格也可以由原来内向型的沉默寡言，变成外向型的灵活开朗，好与人来往，喜欢社交等。另外，遗传因素不仅与一个人性格的形成有关，而且对性格的发展变化也起着相当大的作用。也就是说，在一个人身上反映出其父母的性格特征，即使到了老年，这种父母性格的影响也依然存在。

第二节　老年人日常能力评估

一、老年人能力评估

能力是指个体顺利完成某种活动所必需的主观条件。而像老年人为了独立生活，而每天必须进行的最基本的身体动作行为，如穿衣、吃饭、家中起居、行动、个人生活卫生等日常生活活动的基本动作和技巧就是日常生活能力。像老年人为了更好地实现人生目标、追求健康而进行的各种体育活动中所表现出来的各种动作，如走、跑、跳、游戏、舞蹈等的基本动作和技巧称为体育运动能力。老年人能力评估就是指通过询问、观察、自评、检测等一系列方法，对老年人在日常生活活动、精神状态、感知觉反映、与人沟通、社会参与等方面的能力进行综合评价。

二、评估的目的、意义

评估是指依据某种预定标准，通过技术方法或手段获得相应信息数据，并对收集到的信息数据，按照一定的程序进行分析、研究、判定其结果和价值，最终实现某种特定目标的活动。评估报告则是在评估过程中形成的具体报告。

通过评估，可以将老年人在各个方面的能力状况和需求进行准确地掌握，为后期开展个性化的实施方案提供依据。例如，如果评估出老年人在生活方面存在困难，就可以针对生活条件为其提供相应的生活护理服务；如果老年人存在认知障碍，就可以为其提供认知训练和康复服务。

老年人能力评估结果可以作为制订实施计划的重要依据。对于参加体育活动的老年人首先要进行运动能力评估，能力较弱、需求较高的老年人可以优先分配到一组享受共同资源，再把运动能力较强的老年人分配到一组，采取因人而异的锻炼方法，以确保他们能够得到科学合适的锻炼效果。

　　通过老年人能力评估可以了解老年人的真实情况，科学判断老年人的健康状况和生活、自理、运动等能力，同时可以合理地分配有限的资源，帮助老年人健康快乐地生活；通过评估可以构建老年人基本信息平台，掌握老年人状况，以便动态地观察、分析老年人的身体变化状况，利用数据科学地帮助老年人健康生活。

三、评估方法

　　进行老年人能力评估要立足我国国情，以全面、实用、可操作为原则，确定评估的内容。目前主要采用的评估方法有测试法、观察法、询问法、查找法等。

　　测试法适合于测试站立、转移、行走、各种运动动作等，可通过适当的测试对不同的老年人进行量的评估。

　　观察法适用于老年人的动作、行为、反应等，可通过观察监测被评估人的能力进行客观的评估。

　　询问法主要指询问当事人或其他相关人员以了解老年人的各种能力，适用于一些不易进行量性测试的内容，如大小便次数、睡眠质量等。

　　查找法即是对被测人的相关病例、临床检查报告等已有的书面报告进行查找记录等。

　　一次完整的评估过程往往综合采用各种方法，过程中既要考虑评估测试的方便性、经济成本，又要考虑评估数据的准确性、实用性以及评估内容的全面性。为了提高结果判定的便利性、一致性，有关机构开发了简洁直观的老年人能力等级判定卡，通过对卡片项目的测试可相应找到等级划分结果，使评估内容标准有对比性，达到快速、准确、标准一致的目的。

四、评估标准及技术指标

（一）老年人能力评估的基本内容

日常生活能力。了解老人的进食、洗澡、修饰、穿衣、大便控制、小便控制、入厕行为、床椅转移、平地行走、上下楼梯等生活行动能力和运动能力。了解老年人的性别、年龄、疾病史等，参考血压、心率等进行简单的走、跑、跳、力量、灵敏性等行为评估，制订相应运动处方。

精神状态。评定老年人的认知功能、行为问题、心理抑郁症状、心理情绪等。

感知觉与沟通。通过测试评定老年人的意识水平、视力、听力、语言沟通交流能力等。

社会参与。综合评价老年人的社会生活能力。如参与工作能力、对时间/空间的定向能力、对人物定向分析能力、社会交往及适应能力等。

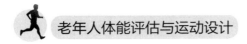

（二）老年人能力评估的工具与报告

在对老年人进行评估之前，要按照评估的目的、方法、内容等建立详细的档案，以便评估结束后制订相应的处方措施。

老年人能力评估基本信息表（见表1）。

表1　基本信息评估表

评估编号	□□□□□□□□
评估日期	□□□□年□□月□□日
评估原因	（简单说明原因，如：接受服务前评定、接受服务后的常规评定、情况明显变化的即时评估、阶段性总结评估等。）

建立被评估者基本信息表。

被评估者基本信息表可根据实际需要结合评估方法和需求灵活制订，但要确保真实准确。信息要确保近期、准确（可参见表2）。

建立联系人和信息提供者信息（见表3）。

建立老年人能力评估表（见表4、5、6、7、8）。

根据老年人能力包含的内容结合要评估的目标及老年人的实际状况，可分别建立以下评估表，根据评估结果制订康复、运动方案和处方。

表2　被评估者基本信息表

姓名			性别	1. 男　2. 女　☐	
出生日期		年　　月　　日	民族		
身份证号		☐☐☐☐☐☐☐☐☐☐☐☐☐☐☐☐☐☐			
社保卡号		☐☐☐☐☐☐☐☐☐☐☐☐			
文化程度					
宗教信仰		0. 无　1. 有　　　　　　　　　　　　　☐			
婚姻状况		1. 未婚　2. 已婚　3. 丧偶　4. 其他　☐			
居住情况		简要说明如：独居、与配偶居住、与子女居住、有无保姆陪护、是否入住养老机构等			
医疗费用支付方式					
经济来源		1. 退休养老金 2. 子女补贴 3. 其他补贴　☐			
疾病史诊断	痴呆	0. 无　1. 轻度　2. 中度　3. 重度　☐			
	精神疾病				
	慢性疾病				
近30天内意外	跌倒	0. 无 1. 发生过1~2次 2. 发生过3次及以上☐			
	走失	0. 无 1. 发生过1~2次 2. 发生过3次及以上☐			
	噎食	0. 无 1. 发生过1~2次 2. 发生过3次及以上☐			
	自杀	0. 无 1. 发生过1~2次 2. 发生过3次及以上☐			
	其他				

续表

身体活动能力	心率	
	血压	
	躯干	
	四肢	
	其他	

表3　联系人和信息提供者信息

信息提供者姓名	
信息提供者与老人关系	
联系人姓名	
联系人电话	
家庭住址	

表4　日常生活活动评估表

进食	□分	10分，可独立进食
		5分，需简单帮助（如协助把持餐具）
		0分，需完全依赖他人帮助，或有留置营养管
洗澡	□分	5分，准备好洗澡水后，可独立完成洗澡过程
		0分，在洗澡过程中需他人帮助

洗脸、刷牙、梳头、刮脸等	□分	5分，可独立完成
		0分，需他人帮助
衣着穿戴	□分	10分，可独立完成
		5分，需部分帮助
		0分，需极大帮助或完全依赖他人
大便控制	□分	10分，可控制大便
		5分，偶尔失控（每周<1次）
		0分，完全失控
小便控制	□分	10分，可控制小便
		5分，偶尔失控（每周<1次）
		0分，经常失控或留置导尿管
如厕行为：包括解开衣裤、擦净、整理衣裤、冲水等	□分	10分，可独立完成
		5分，需他人挽扶去厕所、需他人帮忙冲水或整理衣裤等
		0分，需极大帮助或完全依赖他人
床椅转移	□分	15分，可独立完成
		10分，需他人挽扶或使用拐杖
		5分，较大程度上依赖他人挽扶和帮助
		0分，完全依赖他人
平地行走	□分	15分，可独立在平地上行走5分钟以上
		10分，需部分帮助
		5分，需极大帮助
		0分，完全依赖他人

续表

上下楼梯	□分	10分，可独立上下楼梯（连续上下10～15个台阶）
		5分，需他人搀扶，或扶着楼梯，使用拐杖等
		0分，需极大帮助或完全依赖他人
日常生活活动总分	□分	上述10个项目得分之和
日常生活活动分级	□级	0. 能力完好：总分100分
		1. 轻度受损：总分65～95分
		2. 中度受损：总分45～60分
		3. 重度受损：总分≤40分

表5　精神状态评估表

认知功能	测验	给出三个词语，重复一遍，并记住
		（1）画钟测验：在纸上画一个时钟表盘，在时钟上标出对应时间
		（2）回忆词语：说出前期给出的三个词语是什么 答：
	评分 □分	0分，画钟正确（画出一个闭锁圆，指针位置准确），且能回忆出2～3个词
		1分，画钟错误，或只回忆出0～1个词
		2分，画钟错误，无法回忆出词语

续表

攻击行为	□分	0分，无身体攻击行为和语言攻击行为
		1分，每月有几次身体攻击行为，或每周有几次语言攻击
		2分，每周有几次身体攻击行为，或每日有语言攻击行为
抑郁症状	□分	0分，无
		1分，情绪低落，不爱说话、梳洗、活动
		2分，有自杀念头或自杀行为
精神状态总分	□分	上述3个项目得分之和
精神状态分级	□级	0. 能力完好：总分0分 1. 轻度受损：总分1分 2. 中度受损：总分2～3分 3. 重度受损：总分4～6分

表6　感知觉与沟通评估表

二级指标	得分	评分标准
意识水平	□分	0分，神清气爽，逻辑清晰
		1分，嗜睡
		2分，昏睡
		3分，昏迷

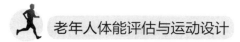

续表

二级指标	得分	评分标准
视力：根据日常行为习惯可在佩戴眼镜的情况下评估	□分	0分，能看清书报上的标准字体
		1分，能看清大字，读书报时有视力障碍
		2分，视力模糊，但能看清物体特征
		3分，不能清晰辨认物体，但眼球能追寻移动物，只能看到光、颜色和形状
		4分，视盲，眼睛不能跟随物体移动
听力：若平时佩戴助听器，应在佩戴助听器的情况下评估	□分	0分，能正常交谈，能听到生活中的声音
		1分，在轻声说话时听不清
		2分，听力弱，需在安静的环境或大声说话才能听到
		3分，讲话者大声说话或说话很慢，才能部分听见
		4分，完全听不见
沟通交流：包括非语言交流	□分	0分，无困难，能与他人正常沟通和交流
		1分，能够表述需要及理解别人的话，但需要增加时间或给予帮助
		2分，交流沟通困难，需频繁重复或简化口头表达

表7 感知觉与沟通分级

分级	分级名称	分级标准	评估结果
0	能力完好	意识水平为0分，视力和听力评定为0分或1分，沟通评定为0分	
1	轻度受损	意识水平为0分，但视力或听力中至少一项评定为2分，或沟通评定为1分	
2	中度受损	意识水平为0分，但视力或听力中至少一项评定为3分，或沟通评定为2分，或意识水平为1分，且视力或听力评定为0～3分，沟通评定为0～2分	
3	重度受损	意识水平为0分或1分，但视力或听力至少一项评为4分，或沟通评为3分，或意识水平为2分或3分	

表8 社会参与评估表

二级指标	评分标准	得分
主动参与日常生活能力	0分，能独立完成日常的饮食、洗漱、穿戴、二便，还可以料理家务、照顾他人或当家管理事务	
	1分，个人生活自理，能做简单家务，家庭事务安排欠条理	
	2分，个人生活能自理；只有在他人帮助下才能做些家务，但质量不好	
	3分，个人基本生活能自理（如能独立完成饮食、二便），在家人督促下可自行完成洗漱	
	4分，饮食、排便需部分帮助或完全依赖他人帮助	

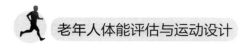

续表

二级指标	评分标准	得分
参与工作胜任能力	0分，能熟练完成掌握的脑力工作或体力技巧性工作	
	1分，以前熟练的智力、体力、技巧性工作完成能力有所下降	
	2分，以前熟练的智力、体力、技巧性工作明显不如以往，部分遗忘	
	3分，对熟练工作只有一些片段记忆，技能全部遗忘	
	4分，对以前熟练的知识、技能全部遗忘	
时间、空间定向分辨能力	0分，有清晰的时间观念；可单独出远门，能很快适应新环境的方位	
	1分，能清晰分辨年、月、日，偶尔会出现相差几天；对居住环境、路况了解清楚，知道现住地的名称和方位，但不知回家路线	
	2分，不能分清年、月、日具体时间，可知大型节日；只能单独在家附近行动，对现住地只知道名称，不知道方位	
	3分，无法分清年、月、日时间，可知上午或下午；只能在家门口附近行动，无法给出现居住地址和方位	
	4分，无时间观念；不能单独外出	

二级指标	评分标准		得分
人物定向能力	0分，能分清亲属间的关系，知道祖孙、叔伯、姑姨、侄子、侄女等称谓的亲属关系；能判辨陌生人的大致年龄和身份，可适当称呼他人		
	1分，只知亲密接触亲属的关系，无法分辨陌生人的大致年龄，不能合理称呼陌生人		
	2分，只能认识称呼家中人，无法分清亲属关系，分不清辈分		
	3分，只认识同住的亲人，可称呼子女或孙子女，可辨熟人和生人，但无法正确称呼		
	4分，只认识照顾自己的人，不辨熟人和生人		
社会交往能力	0分，参与社会活动，在不同的社会环境中有一定的适应能力，待人接物方法恰当		
	1分，能适应单纯陌生环境，可以主动接触人，初见面时难让人发现智力问题，不能理解隐喻语		
	2分，不愿参与社会交往，能被动接受人情往来，不愿主动待人，谈话言辞生硬不适，容易上当受骗		
	3分，勉强可与人交往，言语表述内容不清楚，表情不自然		
	4分，难以与人接触		
社会参与能力评价结果	分级名称	分级标准	评价结果
	0. 能力完好	总分为0～2分	
	1. 轻度受损	总分为3～7分	
	2. 中度受损	总分为8～13分	
	3. 重度受损	总分为14～20分	

五、分析阶段

（一）数据整理

评估过程中会有大量的数据、信息，将这些数据、信息进行整理和分类，以确保数据的完整性和准确性是顺利完成后期工作的前提条件。数据整理可以采用电子表格、数据库等工具进行，以方便数据的存储、查询和分析。

（二）数据分析

对整理好的数据进行分析，采用统计学方法和专业评估软件，计算老年人在各个方面的得分和等级。数据分析可以准确地找出问题所在，帮助评估人员了解老年人的身体状况，为制订个性化的服务方案提供依据。

（三）撰写评估报告

评估报告是进行评估的最终结果，根据数据分析结果以书面形式呈现。撰写老年人能力评估报告应包括老年人的基本信息、评估结果、建议和措施等。评估报告应具有客观性、准确性、可读性和可操作性，能够为老年人及其家属、照顾者和养老服务机构提供有用的信息和参考。

六、反馈阶段

（一）结果反馈

评估过程结束后采用面谈、书面报告、电话通知等方式将评估结果反馈给老年人本人、家属、照顾者和养老服务机构，以便双方了解情况，共同研究解决方案。操作过程中要确保反馈的及时性和准确性。

（二）解释说明

对评估结果进行解释说明，帮助老年人及其家属、照顾者和养老服务机构理解评估结果的含义和意义。解释说明可以采用通俗易懂的语言，结合具体案例进行，确保老年人及其家属、照顾者和养老服务机构能够正确理解评估结果。

（三）建议和措施

基于评估结果，拟定具有针对性、可行性与有效性的建议及措施，旨在为老年人量身定制个性化养老服务方案，切实满足其实际需求与期望。

七、跟踪阶段

（一）定期回访

实施服务解决方案是一项长期工作。完成评估后，需定期对老年人展开回访，详细了解方案的执行状况、身体状况的变化、日常生活情况以及需求的动态变化等。回访可通过电话回访、上门回访等方式开展，务必保证回访的及时性与信息收集的准确性，从而为方案的持续优化提供有力支持。

（二）调整服务方案

根据回访结果，对老年人的服务方案进行调整和优化，确保服务方案的有效性和适应性。调整服务方案可以根据老年人的实际需求和期望，增加或减少服务项目、调整服务时间和频率等。

（三）持续评估

在服务推进过程中，老年人的身体机能、认知能力以及生活需求都可能随时间推移而发生改变。因此，完成初始评估后，需进一步开展持续评估工作，以便精准掌握老年人的能力变化情况，包括但不限于身体活动能力、自理能力、精神认知能力的波动，以及日常生活需求的动态变迁，如对医疗护理需求、社交娱乐需求、居住环境需求的新诉求等。

在具体评估方式上，采取定期评估与不定期评估相结合的方式。定期评估可设定为每季度或每半年一次，按照既定的专业评估指标体系，全面且系统地对老年人各方面状况进行量化评估，形成阶段性评估报告。而不定期评估则灵活开展，当老年人遭遇突发疾病、意外事故，或生活环境发生重大改变，如搬迁住所、家庭成员变动时，立即启动评估流程，及时捕捉其身心状态及需求的突变。通过这种双管齐下的评估方式，确保评估工作的及时性，能够在第一时间察觉老年人的变化；同时保障评估的准确性，全方位、多层次地考量各类影响因素，为养老服务方案的实时调整与优化夯实基础，进而让老年人始终享有贴合自身实际的养老服务。

总之，老年人能力评估工作是一系列系统的工作，需要耐心地进行操作，确保评估的科学性、准确性及有效性。同时，评估工作也需要老年人及其家属、照顾者和养老服务机构的积极配合和参与，共同为老年人提供更好的养老服务。

第三节　老年人运动能力评定

由于老年人身体老化的特殊性，参加运动之前，我们往往通过统一、规范、科学的方法对老年人体育运动系统的活动能力做量化评定并分析结果中存在的问题和影响因素，这样可有效地判定运动方法的有效性，并可以根据评定结果有针对性地进行锻炼，避免产生负面影响。

一、身体形态指标评估

身体形态指标是老年人体能评估的基础，根据身体形态反映身体成分、脂肪分布及营养状况，与慢性病风险、运动能力及生活质量密切相关。主要评估内容包括：

（一）身高与体重

根据身高和体重计算出身体质量指数（BMI），判断身体形态是否标准，也可通过此项指标筛查营养不良或肥胖。老年人还需要考虑与年龄相关的脊柱压缩导致的身高自然缩减。如，校正身高时可采用膝关节高度推算公式。

测量身高时，光脚站立，身体挺直，头部保持水平。测量体重时，尽量保持空腹、裸身或穿着轻便衣物。数据测量完毕后代入公式BMI=体重（kg）/［身高（m）］^{2}进行计算，可参照下表数值进行评估。

指标	正常范围（老年人）	异常阈值与健康风险
BMI	22-27kg/m^2（WHO建议）	小于18.5（营养不良），大于等于28（肥胖）

（二）体脂率

身高体重指数只能大概率地表述出身体形态，很难区分脂肪与肌肉的比例。比如，有的人体重趋于正常但是脂肪过多肌肉较少，如何进一步评估呢？这时我们采用体脂率进行评估。

常用的简易方法有身高体重指数公式计算法。将测得的BMI数值带入计算公式：体脂率≈1.2×BMI+0.23×年龄-5.4-10.8×性别（男=1，女=0），求得数值。例如一位70岁的老年女性，已知测得的身高体重指数为24，那么她的体脂率约为1.2×24+0.23×70-5.4-10.8×0=28.8+16.1-5.4≈39.5%。

另一种方法可以利用卡尺测量皮褶厚度计算得出数值。方法如下：轻松竖直捏起上臂背侧皮肤及皮脂用卡尺测得厚度，再水平捏起肚脐右侧2厘米处皮肤及皮脂测得厚度。将两次测得厚度数值相加即可得出体密度。参考下表：

皮褶厚度（mm）	男性体密度（g/cm³）	女性体密度（g/cm³）
20	1.080	1.069
30	1.068	1.054
40	1.056	1.039
50	1.044	1.024

然后，根据公式：体脂率=（4.95/体密度-4.5）×100%，即可计算出体脂率。体脂率过高表示脂肪多肌肉少，老年人易出现糖尿病、心血管疾病风险；体脂率过低表示肌肉质量少，老年人则有跌倒或失能的风险。

体脂率	男性20%～25%，女性25%～30%	男性>30%、女性>35%提示代谢风险

二、运动功能障碍

运动功能障碍是指由于神经系统、肌肉骨骼系统或其他相关系统的损伤或疾病，导致人体运动能力受到限制或丧失的一种状态。产生运动功能障碍的因素主要有年龄、营养、疾病、环境等。正确认识运动功能障碍可以有针对性地进行康复治疗，是运动功能障碍治疗的重要组成部分，可帮助患者恢复运动功能，提高生活质量。

（一）关节活动度

当老年人关节出现炎症、红肿、粘连、疼痛以及皮肤温度升高等病理状况时，往往会导致关节活动受限。为准确评估老年人关节功能，可引导其主动开展各关节活动，涵盖肩关节、肘关节、腕关节、髋关节、膝关节与踝关节等。在测量关节活动范围时，借助角度计等专业工具，详细记录各关节的主动活动度数值。主动关节活动度能够直观体现老年人自身肌肉力量以及关节的灵活程度，为后续康复训练、护理措施的制订提供关键依据，助力更有针对性地改善老年人关节健康状况，提升老年人生活质量。

（二）肌肉力量

当老年人存在功能障碍时，活动时间会减少，因而造成肌力逐渐下降，又因为肌力的下降进而减少活动，从而造成恶性循环。例如，我们可以通过让老年人进行深蹲、单腿站立等动作来评估下肢肌肉力量。此外，还有一种简单有效的方法，即使用专业的肌力测试设备，如握力测试器、臂力测试器、等速肌力测试仪等，对老年人的肌肉力量进行定量评估。

（三）平衡协调能力

人体的平衡协调能力可分为静态平衡能力和动态平衡能力。常见的平衡协调障碍有：共济失调、上肢摇摆、醉汉步态、震颤、轮替运动障碍、辨距不良、肌张力下降、书写障碍、运动轮换障碍、协同运动障碍等。常用的静态平衡测试方法有闭目站立、单脚站立等。具体可以通过让老年人在安静的环境中闭上眼睛站立或单脚站立，用其保持平衡的时间长短来衡量静态平衡能力。静态平衡能力对于老年人预防跌倒非常重要，但在测试中要保护好老年人，避免跌倒。动态平衡测试可以通过让老年人进行行走、转身、上下楼梯等动作来评估其动态平衡能力。观察老年人在这些活动中的稳定性和协调性，判断其动态平衡能力是否正常。

（四）肌体维度

在运动障碍急性期，由于机体遭受损伤，身体启动免疫反应，受伤部位及相应肢体处会产生炎症。炎症引发了一系列复杂的生理反应，大量炎性细胞浸润，血管通透性增加，使得组织液渗出积聚，进而导致相应肢体维度因肿胀而显著增加。此时，肢体外观明显变粗，触感紧实且伴有疼痛、发热等症状。而当急性期过后，如果运动功能未能及时恢复，肢体便会进入另一种不良状态。肌肉由于长期缺乏有效的运动刺激与神经支配，无法正常进行新陈代谢与收缩舒张活动，开始逐渐萎缩。随着时间推移，肌肉纤维变细，肌肉量不断减少，肢体维度也会相应地逐渐减小，外观上呈现出肢体变细、松弛的状态，严重影响肢体的正常功能与外观形态。

（五）疼痛

疼痛是运动障碍的重要表现形式，反应真实的或可能的组织损伤，及由此引起的不愉快的情绪反应，是一种复杂的自我保护机制。通过疼痛的程度可以判定损伤的严重程度。

三、运动功能障碍的评估方法

（一）关节活动度的评估

通过关节活动度评定可以达到如下目的：判断关节

活动状态，明确是否存在活动受限情况，并探究关节活动受限的原因。量化关节活动受限的程度，为后续治疗提供依据。制订治疗目标，预估可能康复的程度。选择适当的辅助治疗方案、方法，提供客观且有力的依据。评估治疗后的效果，客观测量关节活动范围在治疗、训练中的进展情况，以评价康复治疗、训练的效果。提供其他方面支持，为病人及治疗师提供积极的动力，同时为科研工作提供客观的研究性资料。

关节活动度测量注意事项：测量关节时必须使被测关节充分暴露，特别是对女性评定时应准备单独房间及更衣室。评定异性时须有第三者在场。要使受检者精神沉着，耐心说明，以使其采取轻松姿势。正确固定基本轴，固定的位置应选在关节的近位端或远位端，严禁在关节处固定。确保角度计与关节轴保持一致，不要妨碍关节轴的平行移动。用角度计要测量两次，即在活动前后测量，并左右对照。对有两个关节肌（多关节肌）的关节，要充分考虑关节肌的影响。有关节痛时，要发现疼痛的范围并做记录，注意慢慢评定。

（二）关节活动度测量工具与基本测量方法

测量工具——量角器

普通量角器法。目测关节活动度的方法相对粗糙、误差较大，因此实践中一般采用量角器进行测量。普通量角器由两根直尺和一个半圆量角器或全圆量角器制成，根据关节的不同选择不同的量角器。如：手指关节用小型半圆量角器测量关节。测量时将量角器的中心点准确对准关节活动轴中心（通常以特定的骨性标志为参照），两尺的远端分别放于或指向关节两端肢体上的骨性标志或与肢体长轴保持平行。当关节远端肢体活动时，便可在量角器刻度盘上读出关节活动度。

方盘量角器测量法。方盘量角器呈正方形，每边长12厘米，上面配有圆形刻度盘、指针及把手。在方盘刻度面处于垂直位时，由于重力的作用，方盘中心的指针会自动指向正上方。使用时，使被测者采取适当姿势确保关节两端肢体处于同一个垂直面上，并使一端肢体处于水平位或垂直位，将方盘的一边紧贴另一肢体，确保方盘刻度面与肢体处于同一垂直面上，即可读得关节所处的角度。

量角器测量的基本方法：

根据所测量的关节大小选择合适的量角器。如测量膝关节、踝关节等大的关节时应选择40厘米的长臂量角器，而测量手或是趾关节时，应选用7.5厘米的短臂量角器。

在测量时应按照规定严格操作，确保固定臂与构成关节的近端骨长轴平行，移动臂与构成关节的远端骨长轴平行。当被测者有特殊运动障碍时可以适当调整。量角器的轴心一般应与关节的运动轴一致。检查者应熟练掌握各关节测量时固定臂、移动臂、轴心的具体规定。

人体处于的体位不同，关节周围软组织（关节、韧带、肌腱）的受限程度也不同。因此，在不同的体位下测量的结果往往出现差异。所以测量中要规范体位，以达到测量准确的目的。例如，测量前臂旋前、旋后角度时，标准体位是：坐位、上体挺直，上臂紧靠躯干，前臂与上臂屈曲90度。可让被检查者手中垂直地握一支笔，以确认体位的正确。如患者因特殊情况而有困难时，应在评价表格备注栏内加以说明。

人体关节活动时往往具有连带作用，为了防止被测关节运动时相邻关节参与运动，或是关节的远端骨运动时近端骨出现位移变化的现象，检查者应协助被检者保持体位的固定。本章对各关节运动时容易出现的代偿动作，均设计了相应的固定方法。由于检查者操作时一手测量，一手协助固定，会有一定难度，必须反复练习，熟练掌握。

结果记录与分析：

评定结果的记录涵盖以下内容，且采用相应的记录方式：主动与被动关节活动度角度：需记录主动关节活动度（AROM）以及被动关节活动度（PROM）的角度数值。

关节运动范围：记录一种运动起始与结束时的角度，以此明确关节活动范围。例如，从0度到90度的角度区间，该范围可反映关节运动受限的具体位置。

中立位法（解剖0位）：美国骨科学会关节运动委员会推荐的中立位法（解剖0位）是确定关节运动范围最常用的方法。此方法将解剖学立位时的肢位设定为0度。在记录从测量起始位至终止位的范围时，若被测量者无法从解剖0度位开始运动，必须精确记录实际的起始位角度。再结合特定关节的正常运动范围，从而判断该关节运动受限的程度。以膝关节屈曲运动范围的不同测量结果为例进行说明：0度到150度表明膝关节无关节活动受限；20度到150度意味着膝关节伸展受限；0度到120度提示膝关节屈曲受限；20度到120度则表示膝关节屈曲与伸展均存在受限情况。

非正常过伸展的表示：当被测量者的某关节出现非正常过伸展现象时，采用"-"（负号）来表示。例如，膝关节"-20度"，即表示膝关节存在20度的过伸展。

单向运动关节的记录：对于正常情况下可做双向运动，但因病变而只能进行单向运动的关节，在记录受限方向的运动范围时，记为"无"。例如，腕关节屈曲角度为15度到80度（存在15度屈曲挛缩），由于腕关节无法达到解剖"0"位，也不能进行伸展运动，所以在腕关节伸展一栏应记录为"无"。

结果分析：

运动终末感：在检查被动关节活动度过程中，检查者需精准掌握施加外力的大小，同时明确被检查关节的运动是否受到限制。若感受到运动抵抗，检查者要能够判断该抵抗属于生理的（正常的）运动终末感，还是病理的（异常的）运动终末感。这需要通过反复实践，深刻体会各种限制的分类及其产生原因。

生理运动终末感分类：生理的运动终末感主要分为软组织抵抗、结缔组织抵抗和骨抵抗三种类型。

病理运动终末感分类：病理性运动终末感包含软组织抵抗、结缔组织抵抗、骨抵抗和虚性抵抗四种类型。

（三）肌力评估

老年人在锻炼的同时，可以通过握力测试、腹背肌肌力测试等作为评价体质强弱的一般性指标。

手法肌力检查法是一种常用的肌力评估方法。该方法无须借助任何器材，仅依靠检查者徒手对受试者开展肌力测定，因其简便易行，在临床实践中得以广泛应用。

实施手法肌力检查时，需让受试者保持标准受试体位，并引导其对受试肌肉做出标准测试动作。检查者通过观察受试者肌肉完成动作的能力，必要时测试者还会施加阻力或助力，以此判断该肌肉的收缩力量。

在评定过程中，测定的肌肉力量分为0、1、2、3、4、5级。各级评定指标的确定，依据受试肌肉收缩引发的肌肉活动、带动关节的活动范围，以及抵抗重力和阻力的具体状况（详见表格）。

级别	描述
0	受试肌肉无收缩。代表符号为0，评定结果为：肌力为正常的0%
1	肌肉有收缩，但不能使关节活动。代表符号为T，评定结果为：微有收缩，肌力为正常的10%
2	肢体在无重力下能够做全范围关节活动。代表符号P，评定结果为：差，肌力为正常的25%
3	肢体在抵抗重力条件下能做关节全范围活动，但无法完成较大外加阻力条件下的关节活动。代表符号为F，评定结果为：尚可，肌力为正常的50%
4	肢体能够抵抗重力和部分外加阻力完成关节活动。代表符号为G，评定结果为：良好，肌力为正常的75%
5	肢体自由活动，能抵抗重力及充分抵抗外加阻力。代表符号为N，评定结果为：正常，肌力为正常的100%

（四）肌体围度评估

肌体围度的测试比较简单，测试时使用皮尺作为工具，需要注意的是测试时皮尺的松紧度要适宜，以对皮肤不产生夹挤为度，测试围度时肌体处于水平状态，测量数据一般精确到0.1厘米。

（五）肺活量测量方法

受试者站立，做1～2次扩胸运动或深呼吸后，尽力深吸气并憋住气体，然后向肺活量计的口嘴尽量呼气，直到无法呼出气体为止。此时立即关闭进气管开关，待计数平稳后读数。同一人测量三次取平均值。以毫升为单位，精确至10位数。

（六）心功指数测量方法

心功指数是一项用于反映心脏功能的重要指标。通过特定的测量流程及计算方式，能够有效评估心脏在不同状态下的工作能力。

静息脉搏测量：首先，需在安静环境中测试受试者的安静时脉搏（记为P1）。此时要求受试者保持放松、平静状态，以获取最为准确的静息心率数据。

运动环节：令受试者跟随节拍器节奏（设定为60次/分）进行起蹲运动，持续时间为30秒。在此过程中，对动作规范有着严格要求：下蹲时，需做到全蹲，使臀部贴紧小腿，同时两臂向前平举；起立时，手臂要还原至自然下垂状态，身体必须保持直立。规范的动作有助于保证运动强度的一致性，从而使测量结果更具可靠性。

运动后脉搏测量：运动结束的瞬间，立刻测量15秒的脉搏数据，随后将此数据乘以4，换算成1分钟的脉搏数，记为P2。紧接着，在运动结束1分钟后，再次测量15秒脉搏，同样乘以4换算成1分钟脉搏，记为P3。

计算心功指数：将获取的三个心率数据（P1、P2、P3）代入特定公式：心功指数=（P1+P2+P3–200/10），由此计算得出心功指数。

注意事项：测量动作要规范、准确。在整个起蹲运动过程中，务必严格遵循上述动作规范。全蹲时臀部与小腿贴合、两臂前平举，起立时身体直立且手臂自然下垂，这些动作细节不仅关乎运动效果，更直接影响测量结果的准确性。任何不规范动作都可能导致运动强度偏差，进而影响心功指数的精准度。

把握正确测量时机。运动结束后应即刻测量P2，以及在运动结束1分钟整时测量P3。精确把握测量时机对于获取准确的运动后心率变化数据至关重要，时间上的偏差可能会使测量结果出现较大误差，影响对心脏功能的准确评估。

第二章
老年体育运动的身心效益

第一节　发展老年体育运动的价值

　　我国目前是世界上老年人口最多的国家。在老龄化社会的背景下，国家推出了系列政策，鼓励大力发展老年体育事业。积极开展老年体育活动能够切实提高老年人身体素质，增强老年人身体健康水平，改善老年人精神状态，从而实现"老有所养，老有所医，老有所为，老有所学，老有所乐"的美好愿望。

一、老年体育的内涵与发展困境

　　老年体育是社会体育事业的关键构成部分，受众聚焦于老龄人群。它以强身健体、延长寿命、丰富老年人文化生活、改善老年人精神面貌为核心目标，以轻松和缓的体育运动为手段的体育活动。在我国社会老龄化背景下，老年体育近年取得了迅猛发展，并展现出一些鲜明特点，如参与锻炼的老年人数量日益增长；老年人体育活动着重于趣味性或康乐性；老年人参加体育运动时对运动场地的选择较为灵活随意；老年人拥有充裕的闲暇时间，能够根据自身情况灵活安排锻炼时间。

尽管我国老年体育发展态势良好，但在推进实施过程中仍存在诸多制约因素。其一，老年人普遍缺乏科学的健身知识，对科学运动认知不足，容易因不当运动引发身体损伤。其二，大多地区缺乏良好的运动场地以及专业的老年体育指导人员，导致老年人运动效果不佳。这些因素给老年体育运动带来诸多不便，极大地影响了老年人参加体育运动的积极性，难以达到理想的体育锻炼效果。

二、老龄化背景下发展老年体育的价值

（一）发展老年体育的社会价值

老年人积极投身体育运动，展现出积极向上、乐观进取的精神风貌，彰显出老有所为的豪迈气概。老年体育活动形式多样，诸如当下流行的交际舞、健美操、太极拳、健身球、健身拳术等体育运动形式在老年群体中广受欢迎，它们能够使老年人充满生机活力，精神面

貌焕然一新，这些积极的改变有力地推动了社会风尚朝着更加健康和谐的方向发展。同时，发展老年体育还是促进体育社会化的重要手段。大量老年人参与体育运动使得体育人口数量显著提升，从而带动更多人参与体育活动，极大地提升了体育运动在全社会的普及程度与影响力。

（二）发展老年体育的经济价值

老年人更加注重健康，大量老年人参与体育运动也使银色经济迎来蓬勃发展的机遇。一方面，发展老年体育，老年人身体健康可以有效降低医疗费用，减轻社会医疗负担和家庭经济负担。老年人经常参加体育活动，身体健康状况可以得到改善，降低患病概率，减少医疗费用支出，从而减轻家庭经济负担；身心健康的老年人能够继续发挥自身具备的知识与技术等优势，为社会创造财富，促进社会经济发展。另一方面，发展老年体育可以开拓老年体育消费市场，提升体育消费水平。老年人具有一定的经济基础，他们更愿意购买喜爱的体育运动商品，促进体育消费市场的繁荣与发展。

（三）发展老年体育的个人价值

发展老年体育能够帮助老年人发掘个人价值。一是可以重塑老年人的生活方式。随着现代社会发展特别是体育运动进入老年人生活后，老年人的生活习惯发生了改变。融入文明、科学、健康的生活方式后，会使老年人生活充满快乐和朝气，让老年人重新焕发活力。二是大大改善老年人身体健康状况。参加体育锻炼，可以提高老年人生理机能，增强体质，减少疾病，延缓衰老，提高老年人生活质量。三是可以缓解老年人的心理孤独感，改善他们的精神状态。老年人参加体育锻炼，为自己开辟了更为广阔的社交平台，提高了老年人与他人沟通的频率和机会，减少负面情绪发生，有助于保持积极乐观的心理状态。

三、体育锻炼是身心健康所需

积极参与体育锻炼，能为老年人带来诸多深远意义，助力他们安享健康、充实的晚年生活。规律的体育锻炼有助于老年人维持和提升身体机能。例如，散步、慢跑能使心脏更有力地泵血，提高肺部气体交换的效率。像太极拳这类注重肢体协调的运动，对关节灵活性的改善也十分显著，帮助老年人保持良好的身体活动能力，自如应对日常生活中的各种动作。

运动过程中，身体会分泌内啡肽等神经递质，这些物质能改善情绪，缓解焦虑、抑郁等负面情绪。坚持锻炼还能刺激大脑细胞活跃，增强记忆力与认知能力，延缓大脑衰老，降低老年痴呆症发生概率。

体育锻炼还能为老年人提供丰富的社交契机。在公园、健身场所或社区组织的体育活动中，老年人能结识志同道合的伙伴，交流锻炼心得，分享生活趣事。团队运动项目如广场舞、门球等，更能增进彼此间的协作与互动，拓展社交圈子，减少孤独感。

第二节　老年体育运动的影响因素

体育锻炼对于老年人而言是一种极为经济且有效的维持健康的方法。然而，当前仍然存在很多因素制约着老年人参与体育运动，主要是一些老年人不了解体育锻炼的益处、没有拿出相应的锻炼时间、缺乏家庭及同伴支持、场地不合适、缺乏科学指导、缺乏锻炼氛围等因素。

一、影响老年人体育运动的主观因素

首先，老年人生活缺乏多样性，休闲行为被动化、休闲内容庸俗化。例如，大多数老年人居家看电视成为休闲的主要生活方式，体育生活未得到足够的重视，导致这部分老年人体育锻炼的积极性不高或次数不多。这些老年人尚未充分认识到体育锻炼对人体健康的重要性，甚至有的人秉持"没有病就不需要锻炼""做农

活、干家务也是体育锻炼"的错误观念。

其次，受经济因素的影响，不同人群在体育锻炼参与度上存在差异，这与老年人的文化教育程度、生活水平密切相关。例如：乡村老年人受教育程度和生活水平相对较低，大多在家务农，几乎没有经济条件用于体育消费，体育锻炼强身健体的意识相对薄弱，即使参加锻炼，锻炼的项目内容也相对单调，或者锻炼的地点多在自家庭院、田间地头、江河湖畔、乡间公路，很难形成系统的锻炼。

第三，在对锻炼的重视程度上也存在差异，同时还存在性别、年龄差异。根据统计显示，女性更重视体育锻炼，60～70岁年龄段的老年人比其他年龄段的老年人更愿意参加体育锻炼，而70岁以上的老年人由于担心运动损伤和体力不支，主动参与运动的人数较少。

二、影响老年人参加体育运动的客观因素

首先，缺少充足的时间。体育运动的开展需要充足的时间保障。很多老年人都有自己制订的锻炼计划，但往往受时间限制导致无法长期坚持锻炼，从这点来分析，时间是促使老年人参加体育锻炼且是其可坚持性的主要因素之一。研究显示，影响我国老年人体育锻炼的主要因素之一是家务劳动。在现实生活中，我们经常看

到有不少老人受传统文化影响，尽管自己已经退休，但为了子女能够安心工作、减少生活压力，他们承担起买菜、做饭、洗衣服、带孩子等大部分家务，甚至比没退休前更忙、更辛苦。因此，是否拥有闲暇时间成为影响体育运动的重要因素之一。

其次，周围人群的影响。老年人更喜欢群体活动，老年人体育运动与周围人群、家庭成员的支持密不可分，例如，子女为老年人购买运动的服装、器械时，这些老年人都会深感幸福，这种幸福感大大增加了他们参加锻炼的兴趣，同时这些幸福感还可以影响周边的人。因此，周围人群的支持、理解是促使老年人参加体育锻炼的基石。另外，社交圈子也影响着老年人的兴趣爱好。

三、老年人体育运动社会支持环境

（一）管理机构关注

为推动开展全民体育运动，大力发展社会体育和群众体育，各地成立了老年体育协会、老年俱乐部、老年活动室等，这些组织都能井然有序地开展老年人体育活动。政府出资在各小区、社区、公共场所建设全民健身路径和群众体育基础设施，各街道、居委会配备了专门负责组织老年人体育活动的工作人员。国家的这一系列举措增强了老年人体育锻炼的愿望，为长期开展体育运动奠定了良好的基础。无论从心理上还是情感上，都使得老年人感受到被人关心的幸福感，这对促进老年人体育锻炼起到积极的推动作用。

（二）体育运动场所、设施及环境因素

我国不同地区老年人体育锻炼的场所主要选择在公园、生活空地以及免费开放的体育场等。这表明大部分老年人对体育锻炼场所要求不高，他们更青睐空气新鲜、免费和比较方便安全的户外体育锻炼场所。调查显示，老年人选择公园、空地等场所，究其原因是离居住区较近，能满足附近居民的参与；另外，一些体育场馆对外采取消费经营，对常年活动的老年朋友是一个较大的经济负担。而农村老年人体育锻炼场所主要是庭院和空地。

通过以上因素，我们可以了解老年体育运动影响因素主要是一些老年人不了解体育锻炼的益处，没有锻炼的时间，缺乏家庭及同伴支持，场地不合适，缺乏科学指导，缺乏锻炼氛围等。因此，为了提高老年体育运动参与度，应做好以下几点：

一是建立满足老年人群需求的各项社会服务体系，制定老年人体育运动保障制度，在经费、场所、体育指导等方面充分满足活动需求。

二是建立体育运动组织管理体系，建立老年体育协会、俱乐部等组织，引领老年人体育运动的正规化、科学化。

三是强化多渠道的知识传播，全方位宣传体育锻炼的基本知识和科学运动技巧，让老年人能够根据自身特点，选择合适的锻炼项目，满足老年成员的体育需求，争取更多的老年成员积极参与体育活动。

四是提高老年人体育锻炼实效性，使老年体育迈向多样化，组织形式多样的适合老年人参加的体育活动、体验、竞赛等，吸引更多的老年人从电视屏幕前、棋牌桌上和家务中走出来。

第三节　老年体育运动的需求满足

一、老年人需求的一般特点

生活质量在本质上属于一种主观体验，它涵盖了个人对自身一生经历的满意程度、内心的知足状态，以及在社会生活中实现自我价值的感受。我国提出的"老有所养、老有所医、老有所为、老有所学、老有所乐"养老理念，精准反映出老年人在物质生活与精神文化生活方面的殷切期望。

老年人虽已步入暮年，离开工作岗位，但他们往昔为家庭辛勤付出，为社会发展奉献力量，他们既是社会发展进程的积极参与者，也是社会发展成果的共享者。所以，满足老年人对提升生活质量的需求，构建一个"以人为本、人际和谐、全民共享"的社会环境，是社会对老年人义不容辞的责任，也是老年服务工作者矢志不渝的奋斗方向。

（一）对健康与安全的需求强烈

相关调查表明，无论城市还是农村的老年人，大多数最担心自己的健康状况。这主要与老年人的健康随着年龄的增长问题越来越多有关。老年人对安全的需求较青壮年强烈。老年人由于个人能力逐渐减弱，他们对安全保障越来越关注，经常对住房、经济、医疗保障以及生命安全等方面忧心忡忡。他们关注退休金的多少、物价是否上涨、担心缺乏经济保证、生怕自己患病、担心患疾病医疗无法满足等。

（二）对卫生服务的需求明显增加

由于老年人随年龄增加逐渐出现机体活动功能不断减退，甚至有的老年人丧失了日常生活能力，加之老年人发病率高等因素的影响，他们对生活琐事有较强的依赖，年龄越大对医疗、护理及保健的需求越高。特别是对生活照料的需求更为突出，很多人担心老了没人照顾。

（三）老年人的消费观念特点

老年人的消费观念有较大的差异。在老年群体中，高龄老年人与低龄老年人之间，具有现代意识和传统意识的老年人之间，其消费观念也不同。有的重积累，轻消费；有的重子女，轻自身；随着人们生活水平的提高，老年人学会了饮食求营养、休闲求舒心，也有一些老年人穿着求时髦。在老年人的日常消费中，饮食需求的消费占了最大的比重，由于老年人患病率高，甚至有些人盲目地相信保健品。现代老年人的生活方式与传统老年人的生活方式相比，从消费需求看，表现为以下特点：方便化。在饮食方面，老年人喜欢清淡、简便、清洁和营养合理的食物；在服饰方面，一般注重衣物合体大方，穿脱方便；在用品方面，喜欢轻便、多功能、经济实用的物品。保健化。人到老年，更加珍惜生命，注重健康保健，从饮食到衣着都希望有保健功能。舒适化。从穿的、用的到住的，老年人都要求比较舒适，特别是住的方面，喜欢清静、舒适、安逸的居住环境。

（四）渴望被社会接纳

在当今社会，随着人类平均寿命的显著延长，许多老年人在退休后仍拥有较长的生存时间。特别是低龄老年人，他们的健康状况普遍良好，因而在退休后，对继续参与社会发展以及国家经济建设的渴望极为强烈。老年人参与社会活动，既是老年人自身的需求，也是整个社会发展的客观需要。

老年人群体规模庞大，且涵盖了各类专业人才，可谓人才济济。更为重要的是，挖掘和利用老年人才资源，具有投入少、效益高的显著优势。这些老年人凭借其丰富的阅历、深厚的专业知识和宝贵的实践经验，能够在诸多领域继续发光发热，为社会创造价值。而从老年人自身角度出发，参与社会发展和再就业为他们的晚年生活增添了别样乐趣。在参与社会活动的过程中，老年人能够保持与外界的积极互动，避免因退休而产生的孤独感和失落感。这种持续的社会参与不仅有助于提升他们的生活质量，更对其身心健康大有裨益，有利于实现延年益寿的美好愿景。

二、老年人参加体育运动的好处

为什么越来越多的老年人热衷于体育运动呢？因为适量的健身运动可减缓衰老过程中人体技能的退行性变化，提高各系统的技能，增强抗氧化能力，对身体成分和代谢产生良好的影响。

（一）改善机体功能

延缓运动系统退化。适度的体育锻炼能够有效延缓运动系统功能的衰退。通过锻炼，可维持甚至提升肌肉力量，增强骨密度，从而预防骨质疏松症的发生。同时，锻炼还能提高肌肉的耐力、速度、灵活性与准确性，减缓肌肉老化进程。此外，加强关节韧带韧性，提升关节弹性与灵活性，对预防骨质增生和韧带退化有着积极作用。

强化神经系统功能。体育锻炼有助于增强大脑皮层的工作效能，锻炼神经系统，能让老年人反应更加灵敏。同时，还能够提高老年人心脏功能，有效防止动脉硬化，降低心脑血管疾病的发病概率。

促进血液循环与身体抵抗力提升。锻炼能够改善体内血液循环状况，增加血红蛋白数量，进而提升身体抵抗力，延缓衰老。良好的血液循环为身体各器官提供充足的养分，保障器官正常运转。

改善呼吸系统功能。有氧运动能使呼吸肌变得强壮有力，扩大呼吸动作幅度，增加呼吸差，提高肺活量，加深呼吸次数。这些改变有助于提升呼吸器官功能，促进全身新陈代谢，使身体更好地摄取氧气，排出二氧化碳。

增强消化系统功能。体育锻炼能够促进胃肠蠕动、血液循环以及消化腺的分泌。这不仅能增进食欲，还能促进排泄，增强消化功能，确保老年人从食物中充分吸收营养，维持身体正常运转，同时提升肾脏的代谢

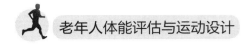

能力。

调节内分泌腺功能。适度运动能够增强内分泌腺功能，比如增强肾上腺皮质功能，这有利于体内蛋白质、脂肪、糖、无机盐和水等物质的代谢，使老年人机体功能更加协调，进一步延缓衰老。

（二）促进心理健康

增进快乐，改善情绪。情绪状态堪称衡量体育锻炼对心理健康影响的关键指标。当老年人心情郁闷时，进行体育运动是宣泄不良情绪的有效途径之一。特别是对于那些情感上较为孤独的老人，经常参与体育活动能够显著降低焦虑反应。

选择自己钟爱的体育活动，尤其是与朋友们一同参与，能让老年人从中收获乐趣，振奋精神，陶冶性情。在此过程中，诸如烦恼、不安、寂寞、自卑等不良情绪得以有效缓解。对于患有神经衰弱的老年人而言，体育锻炼具有一定的改善和辅助治疗功效，有助于他们走出心理困境，提升心理健康水平。

提高智力功能。老年人坚持参与体育活动，能够显著提升自身的智力功能。在参与过程中，锻炼者的注意力、记忆力、反应速度、思维能力以及想象力等多方面认知能力均会得到锻炼与提升。这些积极的变化全方位作用于老年人的智力系统，对其智力功能产生强大的促进作用，从而在很大程度上能够有效预防老年痴呆症的发生，帮助老年人维持良好的认知水平，享受更有质量的晚年生活。

确立良好的自我概念。自我概念作为个体对自身生理机能、认知特征及情感体验的综合性心理建构，是在多维度的自我认知要素（包括躯体意象、心理特质与社会角色）相互作用下形成的动态系统。适度的规律性体育活动可为老年群体提供独特的自我探索路径：通过身体参与性实践强化躯体感知能力，促进其对运动机能边界的客观认知；在运动场景下的社会互动中，老年人能够通过技能展示获得同伴认同，这种社会反馈机制能有效激活其自我效能感与价值认同感。研究证实，此类复合作用机制不仅有助于修正消极自我评价，更通过提升社会归属感来缓冲老年期常见的自我价值感衰退，最终实现心理弹性增强与情绪调节优化的协同效应。

（三）提高社会适应能力

步入老年阶段以后，老年人心理复杂多样，总体来说可以分为自卑心理、安全感缺失和黄昏心理。由于年龄大或退休，自身的角色和社会地位都有所改变，社会交往也大幅度减少，这样就容易产生不受重视和尊敬的自卑心理，对家庭和社会往往产生恐惧心理以及无助感，容易将自己封闭起来。对于那些有较高理想追求和

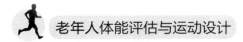

人生价值观的老年人来说，他们往往不甘于退休后的清闲，但由于年龄的原因使他们对前景往往感到非常悲观和失望，产生一种消极的黄昏心理。

对于有这些心理的老年人来说，加入适当的体育活动群体，使老年人获得更多的群体活动和互动的机会，可从中得到更好的情感交流，找到乐趣，重新建立人际圈。这不仅可以消除产生的各种消极心理，还可以进一步增强群体凝聚力，形成良性循环，健康益寿。

第三章
老年人体育运动设计规划

第一节　老年人体育运动种类

随着人体步入老年阶段，身体各项机能逐渐衰退，运动能力与年轻时相比已大不相同。因此，老年人在进行日常体育锻炼时，掌握科学的方法至关重要。

规律参与体育活动，对老年人的身体机能、心理状态及社会行为都能产生积极影响。大量研究表明，体育锻炼对老年人常见的心脏病、高血压、高血脂、糖尿病、骨质疏松、肥胖等慢性病，具有显著的改善和防治作用。虽然体育运动无法阻止人体衰老，但能有效延缓衰老进程。不过，不同年龄段的人群，对相同运动的适应能力和反应存在差异。例如，快步走对于60至70岁的老年人而言，或许属于中等强度运动，而对于70至80岁的老年人，则可能属于高强度运动。相应地，前者可能能够坚持30分钟，而后者可能仅能坚持10分钟。

鉴于此，针对老年人的运动健身，尤其要重视运动强度和时间的把控。一般来说，随着年龄增长，运动强度应逐渐降低，运动时间也应逐步缩短。在选择运动项目时，老年人应避免参与身体接触对抗性较强的项目，像篮球、足球这类运动，以防发生运动伤害。同时，也不宜参与竞争激烈的非身体接触性项目，如羽毛球、乒乓球、网球等比赛性质的活动。在运动过程中，每天的运动时长以及每周的运动天数，都应保持相对稳定，切不可随意更改。更不能仅凭个人心情，盲目地增加运动强度和延长运动时间，否则可能会对身体造成不必要的负担和损害。

（一）有氧运动

有氧运动，又称有氧代谢运动，是指人体在氧气供应充足的状态下进行的体育锻炼。常见的有氧运动项目包括走步、慢跑、骑自行车、打太极拳、跳健身舞以及广场舞等。

这类运动能够显著提升人体对氧气的摄取量，进而更有效地消耗体内多余热量。在有氧运动过程中，人体吸入的氧气量恰好与需求相匹配，达成生理平衡。其具有强度低、节奏性强、持续时间较长的特点，正因如此，成为了老年人进行运动的安全之选。

对于老年人而言，在有氧运动中，最好选择中等强度的运动方式，并精准掌握自身的运动强度。通常来说，当老年人进行中等强度有氧运动时，心率应维持在最大心率的60%~70%。一位运动习惯良好的老年人，每周适宜进行150分钟以上的中等强度运动，可具体安排为每天运动30分钟，每周运动5天。

（二）力量练习

老年人力量练习方法与成年人基本相同，练习部位包括上、下肢肌肉群，腰背部肌肉和腹部肌肉群等。运动形式可采用徒手练习（如登山、登楼梯等）和器械练习（如拉力器、哑铃等）。需要注意的是进行器械练习时可采用小负荷、多次数的练习方法，一般认为力量以肌肉感觉比较舒适为宜，次数可重复8~12次为宜。每次力量练习后至少要有2天以上的恢复时间，即每周力量练习2~3次。

（三）柔韧性练习

柔韧素质，是对人体各肌肉、关节以及韧带等组织的伸展活动能力与弹性的统称。其优劣状况，主要取决于关节的组织结构特性，以及胯关节处肌肉、肌腱、韧带等组织的伸展程度。同时，天气状况、年龄大小、训练水平高低等因素，也会对柔韧素质产生影响。

对于老年人而言，柔韧性练习方法与成年人大致相同，主要涵盖动力拉伸法和静力拉伸法两种类型。动力拉伸法，指的是有节奏地、多次重复某个动作，以此实现对身体组织的拉伸。而静力拉伸法，是通过缓慢施力进行拉伸，使肌肉、肌腱、韧带等软组织逐渐被拉长，并保持一定时间的练习。

这两种方法，又各自可分为主动拉伸和被动拉伸两种形式。主动的动力性拉伸，是借助自身重力或者自身发力来完成拉伸动作的。例如，在进行腿部拉伸时，老年人主动弯腰去触碰脚尖，就是利用自身力量进行主动动力性拉伸。被动的动力性拉伸，则是依靠外部施加的力量来实现拉伸，像在他人辅助下进行腿部伸展动作，便是被动动力性拉伸。

由于老年人身体机能下降等特点，在柔韧性练习时要注意牵拉幅度要比成年人小，用力要轻。每次柔韧性练习控制在10分钟以内。

（四）平衡能力练习

平衡能力，综合反映了身体前庭器官、肌肉、关节等部位的本体感受器对来自各方刺激的协调运作能力。随着年龄增长，老年人的平衡能力逐渐衰退，日常生活中摔倒的风险显著增加。因此，强化平衡能力训练，尤其是着重提升下肢平衡能力，对老年人至关重要。

在平衡练习中，睁眼状态下，借助双眼与周围参照物的协同作用，能更轻松地找准平衡点，从而顺利完成动作。而闭眼练习时，主要依靠大脑神经对身体平衡进行精细调节，这无疑大大增加了动作的难度。基于此，建议老年人在练习初期先从睁眼状态入手，待适应后，再逐步过渡到闭目练习。

以下为老年人推荐几种行之有效的平衡能力提升方法：

闭目"金鸡独立"：保持站立姿势，轻轻闭上双眼，双手自然下垂于身体两侧。任选一只脚缓慢抬起，挑战自身极限，尝试保持站立状态，记录持续时间。

闭目站立摆动：双脚分开，与肩同宽，双臂向身体两侧水平伸直。身体先缓慢向左侧摆动，随后再向右侧摆动。待熟练掌握后，可逐渐缩小双脚间距，增加练习的难度。

旋转站立：身体挺直，原地缓慢旋转3圈，旋转结束后，迅速闭上双眼，保持站立姿势30秒。

第二节　老年人体育运动设计要求

老年人通过体育运动锻炼，可使身体的形态、结构和功能得到增强，促进血液循环，提高老年人身体的抵抗力，预防疾病，延年益寿。但老年人运动一定要量力而行，选择适合自己的健身项目，切不可盲目跟风，老年人体育锻炼要做到"五要七忌"。

一、五要

（一）要合理选择锻炼项目

在参与体育活动之前，老年人务必全面了解自身当下的身体状况。通过专业的身体检查获取相关数据，这些结果将成为锻炼前的客观参照指标，方便与锻炼后的身体状态进行对比，从而精准判断运动锻炼所产生的效果。倘若老人自觉身体状况一向良好，也可自行开展简易检查。例如，连续进行10～20次下蹲动作，或者在原地进行15秒的跑步，在完成这些动作后，仔细留意自身是否出现心悸、气促、胸闷不适等症状。若未出现此类异常情况，便可以着手准备锻炼。

在挑选运动项目时，老年人应综合考量自身的健康状况、周边环境条件以及个人兴趣爱好等因素。总体而言，适宜选择那些能够使各个关节以及各部分肌肉都得到充分且良好锻炼的项目，像慢跑、快步走、游泳、太极拳等便是不错的选择。需注意避免挑选运动强度过大、速度过快或者竞争过于激烈的项目，以防给身体带来不必要的负担与损伤。此外，合理借助运动器材进行锻炼，也能丰富锻炼形式，提升锻炼效果。

（二）要循序渐进，避免伤害性运动

老年人参与运动锻炼切不可急于求成，而应秉持科学有序的原则，有明确目的、详尽计划及按合理步骤推进，依靠长期坚持、日积月累，方能取得理想的锻炼成效。在开启锻炼之旅时，初期运动量务必保持在较低水平，随着身体逐渐适应，再稳步增加。历经一段周期的运动实践后，若在运动过程中产生身体发热、微微出汗的感觉，且运动结束后，自觉身心轻松、舒畅，食欲正常，睡眠质量良好，这便表明当前运动量恰到好处，锻炼效果显著，应持之以恒。

在锻炼动作的选择与实施上，需遵循从易至难、由简入繁、由慢到快的顺序，运动时长也应逐步增加。每次运动期间，务必重视动静转换，从安静状态平稳过渡到运动状态，结束时又能从运动状态妥善回归安静状态，做到动静转换有机结合。此外，深入掌握动作的关键要领、实用技巧以及科学锻炼方法，也是保障运动安全与效果的重要环节，切不可盲目跟风或随意操作，以有效规避因运动不当引发的身体伤害。

（三）要持之以恒地运动锻炼

对于老年人而言，坚持每日锻炼有益身体康健，每次锻炼时长控制在半小时左右为宜，不宜过长。过长时间的锻炼可能会给身体带来不必要的负担，反而不利于健康。倘若因特殊情况难以做到每日锻炼，那么每周的锻炼次数也不应少于三次，以维持身体对运动的适应性，持续收获运动带来的益处。与此同时，合理规划锻炼时间至关重要。老年人应努力养成按时锻炼的良好习惯，这有助于身体形成稳定的生物钟，更好地适应运动节奏。在锻炼过程中，务必时刻留意并精准把握适当的运动量，避免运动量过大或过小，确保运动既能达到强身健体的目的，又不会对身体造成损伤。

（四）要在太阳出来后晨练

老年人往往会选择早晨出门锻炼，而且大多喜欢去有树木的场所。但绿色植物经过了一夜的呼吸作用，在树木的周围会积聚大量的二氧化碳，在这样的环境下锻炼，对人体来说是有害无益的。所以早上锻炼身体的最佳时机，应该是在太阳出来，植物开始进行光合作用，消耗二氧化碳产生氧气的时候，有心血管病的老年人应该在傍晚进行锻炼。

（五）要选择合适场所及运动装备

锻炼场地要选择平坦、安全、安静、空气流通的场地，以公园、草坪等场所为宜。运动服装的面料至关重要，如做非剧烈的休闲运动，可穿着纯棉服装，吸汗好，体感舒适。若老年人计划进行较为剧烈的运动，建议优先选择采用现代高科技面料制作的运动服。这类运动服具备出色的透汗排气性能，能迅速将身体排出的汗液散发出去，有效保持身体干爽，让锻炼过程更为舒适。与之形成对比的是棉质服装，虽然棉质衣物吸汗效果不错，但存在不易干燥的缺点。在锻炼结束后，潮湿的棉质衣服贴在身上，极易使老人着凉，增加患病风险。

在锻炼环境的选择上，温暖的天气更为适宜。如果选择在冬季锻炼，需格外注意穿着。由于运动过程中身体会持续散发热量，此时不宜穿着过厚的衣服。衣服过厚会阻碍热量散发，可能导致老人体温过高，甚至在出汗后因无法及时散热而着凉。因此，冬季锻炼时应选择轻便、保暖且透气性良好的衣物，以平衡保暖与散热的需求。

二、七忌

忌单独锻炼、忌负重锻炼和过分剧烈运动、忌在坏天气锻炼、忌仅从事一项锻炼、忌不做准备活动、忌穿皮鞋及紧身衣等锻炼、忌饭后锻炼。

三、老年人适宜运动后的表现

老年人体育锻炼一定要严格控制运动量，指导员要观察老人的状态，老人要学会自我评价。老年人适宜运动后的表现一般有下列现象：脸色红润，微微出汗，心率加快但每分钟不超过120次，运动后稍感疲劳，但休息、睡眠后能马上恢复。运动锻炼经历一段时间后，自我感觉食欲增加、睡眠良好或有明显改善、精神振作精力充沛、原有疾病症状得以缓解。

第三节　老年人体育运动后恢复

当老年人参与体育锻炼、运动训练或比赛，达到一定程度时，身体会出现工作能力暂时下降的状况，这被称为运动性疲劳。运动性疲劳是由运动本身引发的机体工作能力的短暂降低，通过适当的休息与调整，能够恢复正常，它是一个极为复杂的身体综合反应过程。在疲劳状态下，工作能力下降，经过一段时间休息后又能恢复。只要不是过度疲劳，通常不会对人体健康造成损害。因此，运动性疲劳属于一种正常的生理现象，从某种意义上讲，它对人体还起到保护作用。然而，若长期处于疲劳状态，前一次运动产生的疲劳尚未消除，新的疲劳又接踵而至，疲劳就会逐渐积累，长此以往可能发展为过度疲劳，进而影响身体健康与运动能力。由于老年人身体机能本就有所下降，这种影响会更为明显。倘若运动后能采取有效措施，就能及时缓解疲劳，快速恢复体力，及时补充消耗的能量物质，为后续持续开展体育锻炼提供助力。

一、运动疲劳的分类

体育锻炼后，身体产生的疲劳主要体现在三个方面：

肌肉疲劳。表现为肌肉力量减弱，收缩速度放缓，肌肉出现僵硬、肿胀、疼痛等症状，致使动作迟缓、协调性变差。

神经疲劳。具体症状为反应变得迟钝，判断力下降，注意力难以集中。

内脏疲劳。以呼吸变浅变快、心跳加速等为主要表现。

鉴于运动量的差异以及个体情况的不同，产生的疲劳程度也各不相同。一般可将疲劳划分为轻度、中度和重度三个等级。

二、常用的恢复手段

运动后出现疲劳感是正常现象。轻度疲劳可在短时间内自行消除；中度疲劳通过一系列措施也能迅速缓解，不会对身体造成不良影响。但如果重度疲劳未能及时消除，将会干扰正常生活，损害身体健康。由此可见，消除疲劳、恢复体力至关重要。那么，如何加快疲劳的消除呢？以下介绍几种方法：

保证充足睡眠：睡眠是消除疲劳的关键方式。老年人睡眠质量普遍不高，运动后睡眠时间应适度延长。同时，要注意营造安静、空气流通的睡眠环境，以提升睡眠质量。

进行整理活动与肌肉按摩：老年人运动产生疲劳后，务必坚持进行适当的整理、放松活动。这是一种积极的休息形式，能够促使精神、肌肉和内脏较为同步地恢复平静，提高体力恢复效率。运用推、揉、捏、按、压、拍击、抖动等手法对肌肉进行按摩，可使肌肉中的毛细血管扩张并开放，改善局部血液循环与营养供应，加速肌肉运动代谢产物——乳酸的排出，从而达到消除疲劳的目的。

温水浴：由于老年人循环系统功能有所降低，运动后进行温水浴能够加快全身血液循环，促进新陈代谢，加速疲劳消除与体力恢复。温水浴的水温宜控制在40℃左右，每次时长一般为10～15分钟，最长不宜超过20分钟。

及时补充营养：体育活动耗能较为显著，老年人尤其容易出现低血糖等症状。合理补充营养是消除或预防疲劳的重要手段。运动后应及时补充热量、蛋白质、维生素和无机盐，减少脂肪类食物的摄入量。在夏季或出汗较多时，需及时补充盐分和水分。选择的食品应营养丰富且易于消化，尽量多食用新鲜蔬菜、水果等碱性食物。

第四节　老年人日常体育运动项目

一、散步与爬楼梯

民间有云："人老腿先衰"，双腿堪称全身的重要支柱。随着年龄增长，骨质逐渐脆弱，肌肉力量减弱且松弛，致使许多老人行走速度放缓，步伐艰难，形成了特有的老年步态。为延缓衰老进程，老年人应尽可能增加步行活动，借此锻炼腿部与腰部肌肉，改善肌肉和骨骼的血液循环，降低骨质疏松的风险。同时，步行还有助于锻炼呼吸及循环系统功能。

对于身体状况相对较好的老年人而言，爬楼梯也是一种可行的锻炼方式。不过，爬楼梯时务必注意劳逸结合，每登上1~2层楼梯平台后，稍做休息，待心跳和呼吸恢复平稳后，再继续向上攀爬。此外，爬楼梯过程中安全至关重要，要做到脚到眼到，脚踏实地，切不可分心。

二、慢跑

慢跑不仅能消耗热量、维持良好体形，还具有强化免疫力的功效，甚至会让人产生运动上瘾的感觉。从运动心理学角度来看，慢跑有助于降低焦虑情绪、增强自信心与抗压能力。对心脏而言，长期慢跑可使心肌细胞活性增强、心室生理性扩大，提升心搏量与心输出量，促进冠状动脉血液循环；对肺脏方面，长期坚持慢跑有助于提高肺活量。然而，慢跑也并非毫无风险，运动伤害时有发生，其中最为常见的便是过度使用伤害。

过度使用伤害的成因，除了慢跑者自身骨骼肌肉结构异常，以及年龄、性别、体重差异等内在因素外，主要源于外在因素，即耐力训练或重复运动导致的损伤，而突然加大跑步强度最易引发此类伤害。跑步强度指数涵盖距离、速度、坡度与频率等方面。无论慢跑的目的是提升体能还是挑战自我，这些指数都应遵循循序渐进原则逐步增加，否则极易受伤。

三、太极拳

以太极拳为代表的太极系列运动深受老年人喜爱。其动作平缓，易于学习掌握，动中有静、静中有动，刚柔并济、虚实相生。长期练习太极拳，能够强健筋骨、灵活关节、补益气血、提神醒脑、疏通经络，对众多慢性疾病具有辅助治疗作用。

太极拳动作舒展大方、缓慢柔和，刚柔相济，是极佳的健身运动，对养生保健具有独特效果。练习时以意念引导动作，符合人体生理保健需求，既能促进新陈代谢，又能调节情绪。在精神和心境上追求平静、自然，达到神舒体松的状态，有利于身体健康。太极拳区别于其他运动的显著特点在于身体放松、心境平和，练习者全身心沉浸其中，使大脑与身体、心理达到安静与平衡。这种状态能够消除紧张、忧愁、恐惧等负面情绪，摆脱病态心理，调节身心，让人心情愉悦、平静，从而提高免疫力、增强体质，助力健康长寿。

四、广场舞

随着广场文化活动的广泛开展，广场健身舞日益受到社会各界的关注与重视，已成为城市文化生活中不可或缺的重要组成部分。广场舞能够调节情绪、丰富生活、改善人际关系；有助于增强体质、促进健康；将丰富多彩的文化元素融入日常生活，充实老年人的精神世界。

在跳广场舞的过程中，参与者的注意力集中于欣赏优美的舞曲音乐，并依节奏通过舞姿抒发内心情感。这种注意力的转移，能够使身体其他部位的机能得到调整与充分休息。因此，参与广场舞运动能够消除紧张情绪、缓解压力，练习者在美妙的音乐与优美的舞姿中，忘却疲劳、陶冶情操，获得愉悦的情绪体验，达到良好的心理状态。此外，广场舞练习对身体形态、姿态及健康等方面都有较高要求，经常参与广场舞练习是一种良好的形体训练方式，能够提高人体协调能力，锻炼全身各部位肌肉群，增加骨密度，具有积极的健美作用。

五、医疗保健操

老年医疗保健操是有益身心健康的一项健身项目。中老年医疗保健操有38节的和66节的等不同形式、不同派别，老年人皆可拿来练习。医疗保健操一般是通过特定的动作如拍打穴位、模仿动作等进行练习，可使人体活血通脉。不分年龄，男女老少都可以做，尤其对于老年人效果更好，因为老人不像年轻人可以做许多激烈而且又有难度的运动，通过此项练习能够起到调理身体、强身健体的作用，改善关节炎等一些关节疾病，尤其对于肩膀、腰部、肘关节、膝关节等起到很好的锻炼作用。

六、打门球

门球，也被称作槌球，是一项在平地或草坪上，借助木槌击打小球穿越铁门的室外球类运动。门球运动具备诸多优势，其运动方法简便，易于学习掌握；活动过程安全可靠，经济实惠；运动量适中偏小，并且兼具趣味性与娱乐性，正因如此，愈发受到老年人的关注与喜爱。老年人参与门球运动有以下益处：亲近自然，促进健康。参与门球运动的老年人，拥有更多机会尽情享受大自然。室外清新的空气、充足的阳光等自然元素，对老年人的某些疾病具有一定的治疗或辅助治疗功效。强健骨骼，延缓衰老。即便门球运动的运动量相对较小，却依然能够增加骨盐量。参与门球运动的时间越久，这一效果就越显著，所以，老年人参加门球运动，有助于延缓身体衰老的速度。锻炼腰背，防治劳损。在门球运动中，老年人击球时需要前屈上体，这一动作会多次重复进行。在此过程中，腰背肌肉能够得到有效锻炼，进而达到预防和改善腰肌劳损的目的。全面发展，提升社交。老年人进行门球运动时，手部动作与大脑思维必须协同配合，这无疑锻炼了他们的神经系统和运动系统，有助于较为全面地发展体质。此外，门球比赛注重团队成员之间的默契协作、相互攻守，为老年人提供了更多人际交往的机会，能够有效提升他们的社交能力。愉悦身心，心理保健。门球融合了运动与娱乐的双重属性，它不仅对老年人的肢体健康大有裨益，还能极大地愉悦他们的心情。

第五节　老年人运动处方与运动健身方案

一、什么是运动处方？

运动处方是指要进行体育运动前，针对个人身体的各种状况和生理指标，制订的一种有针对的、科学的、定量化的体育锻炼方法。因类似医生给病人开的处方而得名。

制订运动处方需要确定目标，选择运动项目，确定运动强度，规定运动时间、运动频率等。

运动前要根据锻炼要达到的目的合理地选择运动项目，如为了改善心功能及代谢功能可参加耐力性项目。

运动强度也称运动负荷，运动强度对运动的效果和安全有直接影响。老年人运动时尤其需要注意对强度的控制，运动强度是否适宜是制订和执行运动处方的关键。

老年人运动前要根据运动项目、年龄、健康状况、体能水平，或根据患者的伤病情况，因人而异制订运动时间。

坚持长期锻炼并不是要求每天锻炼1次，一般每周4～5次为宜，如受条件所限，每周最少3次，以隔日1次为好。

二、老年人健身运动处方

了解运动目的：制订运动处方前，了解老年人从事体育锻炼的目的是什么。是健身、祛病、防病、抗衰，还是延年益寿，然后才能针对不同目的选择相应运动。

确定运动项目：适合老年人的运动项目一般以有氧运动等不激烈的运动项目为主，如步行、健身跑、游泳、骑自行车、登山、跳健身舞、门球、高尔夫球、练气功、太极拳、太极剑等。

运动强度：心率指标是衡量老年人运动强度的关键标准之一。一般情况下，可采用公式"（220-年龄）×（60%～70%）"来计算适宜的运动心率范围。例如，一位70岁的老人，其适宜运动心率下限为（220-70）×60%=90次/分钟，上限为（220-70）×70%=105次/分钟。在运动过程中，将心率维持在这个区间，通常能达到较为合适的运动强度。不过，此公式仅为大致估算，实际应用中还需结合个体差异进行调整。比如，患有心脏疾病等慢性疾病的老年人，运动心率可能需要控制在

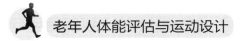

更低水平，应遵循医生建议。运动时间不少于30分钟，不大于60分钟，运动频率每周3~5次。

以下介绍运动处方范例，仅供参考。

姓名		★★★	性别	女	年龄	60周岁
职业		退休教师	体育爱好	乒乓球、瑜伽		
运动目的		减肥和健身				
身体形态指标	身高体重（BMI）	体重72kg，身高160cm				
	体脂率	39				
运动能力评定	关节活动度	受测者自诉表现体能状况良好				
	肌肉力量	正常				
	平衡协调能力	双下肢单腿站立实验正常				
心肺功能评定	肺活量	肺活量2800ml				
	心功或心脏病史	无				
	生理指标	安静脉搏72次/分，高压140mmHg/低压90mmHg，有糖尿病				
运动设计	运动项目	乒乓球、健身跑、健美操、瑜伽等有氧运动				
	运动强度	由小逐渐加大，心率在靶心率范围，即110~140次/分				
	运动时间	12周（减少体重1~3公斤），每次30~60分钟				
	运动频度	每周3~5次				

续表

注意事项	适当控制饮食，减少油脂、糖的摄入，可吃一定的蔬菜、水果，运动后相对控制水的摄入量，有病发烧应停止运动
自我监督	心率
阶段效果评定	
处理建议	
处方者	
日期	年　月　日

三、近期目的在运动处方中的要点

需要进行康复的部位（是哪一关节或肌群）。

机体功能的康复需求（例如增加肌肉力量或是加大关节活动度ROM）。

需要增加何种力量（静力或动力；力量或力量耐力；向心力量或离心力量等）。

需要加大哪一方向的ROM（屈、伸或旋转）。

从个人实际出发，选择合理的内容、方法、时间。

制订切实可行的计划。

个人兴趣与全面发展相结合。

第四章
老年人居家健身运动设计

第一节　　老年人居家健身的益处及注意事项

在快节奏的现代社会，人们往往忙于工作和生活的琐事，而缺乏身体锻炼，或者由于天气或场地的条件限制不能进行户外体育活动，特别是老年人在无人陪同或身体原因的影响下往往放弃体育活动。面对这种情况时，老年人可以选择居家健身。居家健身活动同样能够提升身体机能，对于一些慢性疾病的预防、康复都有良好的效果。在日常生活中，老年人要注重身体和心理的双重呵护。在居家健身时，可以选择一套自己喜欢的锻炼方法，坚持锻炼。

一、老年人居家健身的益处

（一）增强身体素质

随着年龄的增长，全身肌肉会逐渐萎缩松弛，因而老年人的肌肉弹性和收缩力度下降，长此以往骨质也会流失，导致骨质疏松。居家健身中的一些简单力量训练，如举小哑铃（可用装满水的矿泉水瓶代替）、撑墙或撑椅子等，可以有效锻炼肌肉，改善肌肉的血液循环，保持肌肉力量，提高身体的活动能力，减少因肌肉无力而导致的跌倒等意外发生。

运动需要控制身体的平衡，科学合理的运动能有效提升身体平衡能力，特别是对老年人而言，平衡力的增强能有效预防跌倒损伤。适度的居家有氧运动，如原地踏步走、健身操等，能够增强心肺功能，使老年人在日常活动中更好地应对生活中的各种活动需求。

（二）促进心理健康

老年人独自居家时会觉得孤单、恐慌，居家健身可以让他们专注于身体的活动，分散注意力，减少孤独感。同时，一些健身活动可以通过视频等方式与家人、朋友分享，增加互动和交流，进一步缓解孤独情绪。

当老年人通过居家健身看到自己的身体状况逐渐改善，如体力增强、动作更加灵活等，会产生一种成就感，从而增强自信心。适当的居家健身可以使身体产生轻微的疲劳感，这有助于缓解神经紧张从而提高睡眠质量，预防抑郁，使老年人保持健康的心态。

（三）提高生活质量

有助于老年人完成日常的起居动作，如弯腰、下蹲、起身等，减少因身体僵硬而带来的不便和疼痛，预防身体机能下降引起的跌倒受伤。

坚持居家健身可以帮助老年人控制体重、降低血压、血糖和血脂水平，对预防和控制慢性疾病如糖尿病、高血压、心脏病等具有积极作用。坚持长期锻炼不仅能减少疾病带来的痛苦和医疗费用支出，还能提高老年人的生活质量，让他们能够更加独立地生活。

健身运动能使大脑的反应速度增强，改善脑部运转效能和血液循环效果，为脑组织提供充足的氧，从而锻炼脑神经的传输功能，对记忆力的改善和提升有一定的帮助，可有效预防阿尔茨海默症的发生。

二、老年人居家健身的注意事项

鉴于老年人的各种身心条件在开展居家健身时更要科学适度，确保安全第一。首先，在居家健身前，应先进行身体检查，咨询医生，了解自己的身体状况适合哪些类型的运动。严格控制运动时的心率和运动时间，循序渐进，增强自我保护意识。

每次健身前都要进行充分的热身活动，如活动关节、慢走等，让身体逐渐适应运动状态，减少受伤的风险。

居家健身是一个长期的过程，应有计划、有目的，因人而异，选择合适的运动进行锻炼。锻炼前老年人应根据自身条件和兴趣爱好制订运动计划。例如，有上肢关节问题的老年人可以选择注重下肢锻炼的项目，如慢骑室内自行车等关节压力较小的运动；下肢存在问题的老年人则选择以上肢为主的运动，如手臂操等；身体较为虚弱的老年人可以进行简单的伸展运动和呼吸练习。

居家健身的运动强度和时间要相对降低，避免过度疲劳。一般从低强度、短时间开始，逐渐增加运动强度和运动时间。一般来说，老年人居家健身每次运动时间以30分钟至1小时为宜。最高心率保持100次/分钟为宜。

居家健身受居住环境影响，在运动前要确保环境安全。选择一个宽敞、通风良好的空间进行健身活动，避免在狭窄、拥挤的地方运动，防止碰撞和摔倒。如果在地板上运动，可以铺上防滑垫，增加安全性。将家中的家具固定好，避免在运动过程中家具晃动或倾倒造成意外。

运动时正确的姿势和动作很重要，避免盲目锻炼导致肌肉拉伤或关节损伤。可以通过观看教学视频来学习正确的运动姿势。保持自然的呼吸，避免憋气。健身过程中注意及时补充水分，保持身体的水分平衡。运动前、运动中和运动后饮水，切忌一次性喝太多水。健身后结合合理的膳食，保证营养均衡。多摄入富含蛋白质、维生素和矿物质的食物，如鸡蛋、牛奶、水果、蔬菜等，帮助身体恢复和修复。

运动中不断关注身体反应，如果在运动过程中感到疲劳、疼痛或不适，应立即停止运动，进行适当的休息，切忌急于求成。如果在运动后出现肌肉酸痛等正常反应，可以进行适当的按摩和放松，但如果出现严重的疼痛、肿胀或其他异常症状，应及时就医。

第二节　居家健身前的准备活动

一、准备活动的意义

通过准备活动可以使身体各部位逐渐进入运动状态，使身体得到预热，提高肌肉温度和关节灵活性，减少意外的发生概率，有效预防运动损伤。准备活动能促进血液循环，唤醒神经系统，有利于输送更多的氧气和营养到达肌肉，使身体各器官系统更好地适应即将开始的运动，从而提升运动效果。缓慢地提升心率和呼吸频率，让心血管系统有一个适应的过程，使人体做好运动的心理准备，避免突然剧烈运动对心脏造成过大负担。

二、准备活动的方法

（一）热身预备

慢走或原地踏步：在室内进行几分钟的慢走或原地踏步，速度适中，让身体逐渐热起来，活动腿部肌肉，促进血液循环，同时调节呼吸。

（二）关节活动

老年人的关节老化，活动幅度要小，活动范围要全面。下面介绍一下各主要关节的活动方法供参考。

活动指腕关节和踝关节：站立或坐在椅子上，轻轻屈伸手指、转动手腕和脚踝，顺时针和逆时针方向各转动10～15圈，增强关节的灵活性。

颈部伸展：站立或坐着，缓慢地将头沿前后左右方向依次伸展，拉伸颈部肌肉，每个方向保持15～30秒，重复4～8次。

肩部旋转：双手自然下垂，缓慢地前后、左右转动肩部，做圆形运动，每个方向转动10～15圈，放松肩部关节。

扩胸运动：保持自然站姿，双脚开立与肩同宽，双臂自然下垂，身体挺直，目视前方；双手握拳，屈肘约90度于胸前，双臂水平外展，重复动作10～15次。还原成自然站姿，两肘自然弯曲、双臂分别经上、下向后伸展并打开肩部伸展一次。重复动作，完成10～15次。

腰部扭转：站立，双脚与肩同宽，缓慢地左右扭转腰部，幅度适中，感受腰部的拉伸，每侧扭转10～15次。

膝关节活动：坐在椅子上，双腿自然下垂，轻轻抬起一条腿，双手搭在膝关节处，伸直膝关节，再弯曲膝关节，然后缓慢放下。重复10～15次，换另一条腿进行同样的动作。

髋关节活动：自然站立，两脚分开与肩同宽；双手叉腰，缓慢地转动髋关节，顺时针和逆时针方向各转动10～15圈。双手扶住窗台等固定物，抬起一腿缓慢向后伸展、挺髋，换另一条腿重复动作，做10～15次。

"8"字绕脚：自然站姿或手扶固定物站立；（双手叉腰）抬起一侧腿，以大腿带动小腿，从下向上依次做"8"字环绕，支撑腿保持躯干稳定不动。两腿反复交换，依次做练习10～15次。

（三）拉伸运动

手臂拉伸：站立或坐着，将一只手臂伸直向上，然后用另一只手握住伸直手臂的肘部，轻轻向身体方向拉，保持15～30秒，换另一侧手臂重复进行。

腿部拉伸：站立或仰卧，双手置于体侧。缓慢抬起一脚，手抓住脚趾，将脚向身体方向拉，保持15～30秒，换另一侧腿进行。

肩部拉伸：自然站立，双脚与肩同宽，双手置于体后相握，双手缓慢向上抬起，保持15～30秒，反复进行4～8次。

体侧拉伸：自然站姿，两脚开立略宽于肩，双臂自然下垂，身体挺直。一侧手叉腰，另一侧手经侧举过头顶。上举侧手臂同躯干一起向对侧做体侧屈，两侧交替进行10～15次。

三、活动量与时间

准备活动的强度应适中，从简单动作、低强度开始，从局部动作逐渐到全身动作，以身体微微出汗为宜。因人而异，切忌过于剧烈，影响正式的健身活动。老年人准备活动的时间控制在3～5分钟即可。可以根据个人身体状况和即将进行的健身活动的强度适当调整。如果身体状况较差或年龄较大，可以适当缩短准备活动时间；反之，则可以适当延长。

老年人在热身活动后身体会出现发热、出汗、心率上升的情况，此时应适当休息，补充一定量的水分，同时评估自己的身体状态是否能够完成接下来的运动，待身体得到适当的恢复以及调整好状态后方可继续进行锻炼。

第三节　几种居家健身运动的练习方法

一、有氧运动

1. 室内慢走。在室内选择一个相对宽敞、安全无障碍的区域，如客厅、走廊，以适中的速度缓慢行走，可以摆动双臂，增加运动强度，也可以边走边做一些简单的动作，如踢腿、转腰、振臂等。

注意事项：地面防滑，鞋子防滑，以免滑倒。如果身体状况允许，可以逐渐增加行走的时间和速度。

2. 健身操。在信息时代的今天，我们可以通过各种方式，选择一些适合老年人的健身操视频，跟着视频中的动作进行练习。

注意事项：根据自己的身体状况选择合适的健身操难度，避免过度疲劳。在练习过程中，要注意呼吸的配合，避免憋气。

3. 太极拳及传统体育。太极拳及传统体育的种类很多，如太极拳、八段锦等。这种运动对场地要求不大，适合居家练习，而且居家练习时还可以参考视频指导、有家人陪伴，何乐而不为呢？老年人可以从初步学习开始，选择由易到难的动作循序渐进地练习。动作要柔和、连贯，注重呼吸的配合，吸气时身体伸展，呼气时身体放松。

注意事项：在居家练习过程中，要注意身体的姿势和动作的规范，避免受伤。

二、力量训练

1. 哑铃练习。如果有哑铃，可以选择一些简单的哑铃动作进行练习，如哑铃弯举、哑铃侧平举、哑铃深蹲等。居家练习我们也可以选择一些常见的物体代替哑铃，如装满水的矿泉水瓶。

注意事项：选择合适的哑铃重量，避免过重的哑铃导致受伤。

2. 弹力带练习。弹力带是我们常用的健身器械，适合不同身体状况的老年人。弹力带的练习方法灵活多样，可以将弹力带固定在门把手、栏杆上，然后进行一些弹力带动作的练习，如弹力带拉伸、弹力带划船等，也可以双肢相抗交替练习。

注意事项：选择合适的弹力带阻力级别，避免过强的阻力导致受伤。确保固定牢固，避免弹力带突然松开造成伤害。

3. 俯卧撑（可改为撑墙或撑椅子）。老年人在练习俯卧撑时要降低动作难度，可以选择侧推墙或撑床练习。例如，站立在墙边，双手撑于墙，与肩同宽，缓慢地弯曲手臂，让身体靠近墙面，然后再伸直手臂，回到起始位置，以达到增强上肢和胸部的肌肉力量。

注意事项：根据自己的身体状况选择合适的支撑高度，避免过高或过低的支撑导致受伤。

4. 仰卧练习。仰卧在床上或垫子上，做一些四肢的动作练习，如腿部的屈伸、抬举练习，骑自行车动作练习，上肢的举物练习、划船练习等。这些练习可以减轻躯干的负担以达到锻炼四肢的目的。

注意事项：根据自己的身体状况选择合适的动作。

三、平衡性训练

1. 单脚站立。站立，双脚并拢，缓慢抬起一脚，控制身体保持平衡，尽量坚持较长时间。可以先从几秒钟开始，逐渐增加时间。换另一只脚重复练习。经常进行平衡性练习可以提高身体的平衡能力，使神经系统与机体配合协调，防止跌倒。

注意事项：要有家人陪伴，场地安全无障碍物，避免在光滑的地面上进行。如果感觉身体摇晃，可以稍微睁开眼睛调整一下平衡，然后再闭上眼睛继续练习。

2. 闭目站立。站立，双脚并拢，闭上双眼，控制身体保持平衡，尽量坚持较长时间。如果感觉身体摇晃，可以稍微睁开眼睛调整一下平衡，然后再闭上眼睛继续练习。

注意事项：此项练习过程中，要逐步进行，可以先选择扶持栏杆或墙练习，再进行无扶持练习，亦可请人在身边做好保护再练习，练习中保持放松的心态，不要过于紧张。

3. 走直线。沿着地板线，或者画出一条直线。两脚踩着直线缓慢地行走，尽量保持身体平衡，不要偏离直线。也可模仿模特的走步方式进行练习以提高身体的平衡能力和协调性。

注意事项：选择一个安全的场地进行练习，避免在有障碍物的地方进行，避免摔倒。

四、柔韧性训练

1. 瑜伽。瑜伽在近年来深受广大群众喜欢，它可以较好地增强身体的柔韧程度，塑造完美体形。老年人亦可进行瑜伽练习，选择一些适合老年人的瑜伽动作进行练习，如山式站立、树式、猫牛式等。每个动作要做到位，配合呼吸，动作要缓慢而有力。

注意事项：老年人选择瑜伽练习，学习的是瑜伽正确的动作方法和呼吸方法，不要刻意追求动作效果。在练习过程中，要根据自己的身体状况选择合适的动作难度，避免过度拉伸导致受伤。

2. 拉伸运动。在健身结束后，进行全身的拉伸运动。可以针对不同的部位进行拉伸，如手臂拉伸、腿部拉伸、腰部拉伸等。

注意事项：选择适当的动作进行拉伸，避免受伤。

五、协调性练习

1. 垫乒乓球练习。选择合适的乒乓球拍，老年人可以选择较轻、手柄较粗、易于握持的乒乓球拍，以方便操作。选择一个较为宽敞、平坦、无障碍物的室内空间，如客厅或卧室。地面最好较为光滑，以减少乒乓球滚动时的阻力。采用坐姿或站姿均可，当乒乓球落下时，用球拍轻轻地向上击球，使乒乓球弹起。击球的力度要适中，不要过大或过小，以免乒乓球飞出控制范围。开始时，可以先进行简单的击球练习，将乒乓球抛向空中，然后用球拍击球，让乒乓球在空中保持连续的弹跳。逐渐熟悉击球的节奏和力度后，可以尝试增加击球的次数和难度。逐步可以设置一些小目标，如连续击球10次、20次等，逐步提高自己的水平。老年人可以与家人或朋友一起进行双人练习，增加趣味性和互动性。

双人练习时，可以进行对打练习，互相将乒乓球击回给对方。注意控制击球的力度和方向，尽量使乒乓球保持在双方都能够控制的范围内。技术熟练以后可以设置一些规则和比赛形式，如三局两胜、先达到一定分数者获胜等，增加练习的趣味性。

注意事项：在垫乒乓球的过程中，需要眼睛时刻关注乒乓球的运动轨迹，同时手部要迅速做出反应，准确地击球。击球时需要用到手臂、手腕、肩部等部位的肌肉，通过不断的练习，可以增强这些部位的肌肉力量，提高身体的运动能力。在击球的过程中，身体需要不断地调整姿势和动作，这可以锻炼老年人的关节灵活性和身体的柔韧性。

2. 掷飞镖。掷飞镖需要眼睛准确地瞄准目标，同时手臂和手腕要协调配合，将飞镖准确地投掷出去。老年人应选择较轻、镖头较钝的飞镖，以确保安全。同时，飞镖的握柄要舒适，便于握持。

开始时，可以站在离飞镖盘较近的位置，如1.5米左右，进行简单的投掷练习。熟悉投掷的动作和力度控制后，逐渐增加距离。可以在飞镖盘上设定不同的目标区域，如红心、双倍区、三倍区等，然后尝试将飞镖命中这些目标。可以给自己设定一些小目标，如连续击中某个区域若干次，以增加练习的趣味性和挑战性。可以制定一些简单的比赛规则，如每人投掷若干轮，计算总分，得分高者获胜。

注意事项：选择标准的飞镖盘，安装在安全、稳定的位置，高度要适合老年人投掷。确保飞镖盘周围没有障碍物，以免投掷时发生意外碰撞。穿着宽松、舒适的服装和运动鞋，以便活动自如。

3. 投掷游戏。居家活动中可以自己设计一些有趣的小游戏，与家人或朋友一起进行活动，既能锻炼身体又能增进感情。例如投壶游戏等。寻找一个安全、宽敞、平坦的场地，如社区活动中心的室内场地等。场地应没有障碍物，地面平整，以防止老年人在活动中摔倒或受伤。例如，可以选择较轻的塑料球、海绵球或软式飞盘等，避免使用过重或过硬的器材，以免造成身体损伤。用一只手握住投掷器材，将其举至与眼睛同高的位置，然后用手臂的力量将器材向前推出，同时手腕轻轻一抖，使器材以旋转的方式飞向目标。投掷时要注意力度和方向的控制，尽量使器材准确地命中目标。

注意事项：老年人在进行投掷类活动时，不要过度运动，以免造成身体损伤。如果在活动中感到疲劳、疼痛或不适，应立即停止运动，进行适当的休息。选择安全的场地和器材，避免在有障碍物或危险的地方进行活动。同时，要注意投掷的力度和方向，避免伤害到自己或他人。

第四节　居家健身后的放松方式

一、健身后放松的意义

在健身过程中，老年人的肌肉会处于紧张状态，尤其是进行力量训练或高强度的有氧运动时。如果不进行适当的放松，肌肉会持续紧张，导致肌肉酸痛、僵硬，甚至可能引发肌肉损伤。放松活动可以帮助身体逐渐恢复到平静状态，降低心率和血压，促进血液循环的正常运行，缓解肌肉紧张，减少乳酸堆积，从而减轻肌肉酸痛和疲劳感。

健身后进行适当的放松活动，可以减轻关节的压力，增加关节的活动范围，预防关节僵硬和损伤。例如，进行关节的伸展和旋转运动，可以帮助关节恢复到正常的位置，减少关节摩擦，提高关节的灵活性。

当老年人完成一次健身活动后，通过放松活动可以感受到身体的变化和进步，增强对自己身体的掌控感和自信心。进行放松活动可以促进心里的平静，有助于老年人更好地入睡，提高睡眠质量。例如，进行深呼吸、冥想或轻柔的伸展运动，可以帮助老年人放松身心，缓解紧张情绪，为睡眠创造良好的条件。

如果在健身后不进行放松，肌肉会处于紧张状态，容易在下次运动时发生拉伤。通过放松活动，可以让肌肉恢复到正常的长度和弹性，减少肌肉拉伤的风险。此外，放松活动还可以帮助老年人发现身体的潜在问题，如肌肉疼痛、关节不适等，及时进行调整和治疗，预防运动损伤。

二、常用的放松方法

（一）静态拉伸

颈部拉伸。我们可以通过不同动作拉伸颈部不同部位，达到放松的目的。首先，用右手将头部轻柔地往右侧拉，这时你会明显感觉到颈部左侧的肌肉被拉伸，保持这个姿势15～30秒。接着换用左手，将头部往左侧拉，同样保持15～30秒，感受颈部右侧的拉伸。完成左右侧拉伸后，进行前后方向的颈部拉伸。先将头部缓缓向后仰，体会颈部前侧的舒展与拉伸感，保持15～30秒。随后，头部慢慢向前倾，专注感受颈部后侧肌肉的拉伸，保持15～30秒。

肩部拉伸。首先，选择站立或坐姿，务必保持身体挺直，让脊柱处于自然、中正的状态。紧接着，将右手垂直向上伸直，再伸出左手，轻轻握住右手，缓缓向身体方向牵拉，这时你会明显感觉到右侧肩部的肌肉被舒展、拉伸，保持此姿势15～30秒。完成后，换另一侧重复同样动作，即左手向上伸直，右手将左手往身体方向拉，保持15～30秒，充分拉伸左侧肩部。完成上述左右侧拉伸动作后，进行下一组肩部拉伸。将双手在身体后方交叉，手指相扣，随后慢慢发力，将交叉的双手向上抬起，此时能真切感受到肩部前侧与外侧肌肉被充分拉伸，保持这个姿势15～30秒，从而全面放松肩部肌肉。

手臂拉伸。站立或坐姿，保持身体正直。将右手伸直，然后用左手将右手向身体方向拉，感受手臂内侧的拉伸，保持15～30秒。然后换另一侧进行。

腰部拉伸。首先是站姿侧屈拉伸。保持站立状态，双脚平稳站立，间距与肩部同宽，确保身体的稳定与平衡。接着，双臂缓缓向上伸直，带动身体向上延展，就像要触摸到天空一般。在这个基础上，将身体慢慢向左侧弯曲，此时能清晰地感受到腰部右侧的肌肉正被逐渐拉伸、舒展。保持这个姿势15～30秒，让拉伸的力量充分渗透到肌肉之中。随后，换另一侧重复动作，即身体向右侧弯曲，感受腰部左侧的拉伸，同样保持15～30秒。通过这样左右两侧的交替拉伸，能使腰部两侧的肌肉得到均衡锻炼。

完成站姿侧屈拉伸后，我们进行坐姿体前屈拉伸。

坐在椅子上，调整坐姿，双腿尽量向前伸直，膝盖不要弯曲，让腿部肌肉处于自然伸展状态。然后，以髋关节为轴，身体缓缓向前倾，同时伸出双手，尝试去触摸脚尖。在这个过程中，你会明显感觉到腰部前方以及后侧的肌肉都在被拉伸，仿佛一股力量在轻柔地按摩着腰部。保持这个前倾触摸脚尖的姿势15～30秒，充分感受腰部被拉伸带来的放松感。

臀部拉伸。仰卧在垫子上，双腿弯曲。将右脚置于左膝上方，然后用双手缓慢将左膝向胸拉，感受臀部的拉伸，保持15～30秒。然后换另一侧进行。趴在垫子上，双腿伸直。将右脚向外侧抬起，感受臀部右侧的拉伸，保持15～30秒。然后换另一侧进行。

腿部拉伸。站立，双脚与肩同宽。将右脚向后抬起，用右手抓住右脚脚尖，感受腿部前侧的拉伸，保持15～30秒。将右脚向外侧打开，然后用右手将右脚向身体方向拉，感受腿部内侧的拉伸，保持15～30秒。然后换另一侧进行。

脚踝拉伸。站立，双脚与肩同宽。将右脚后跟抬起，感受脚踝的拉伸，保持15～30秒。然后换另一侧进行。坐在椅子上，双腿伸直。将右脚右侧外旋，保持15～30秒。然后换另一侧进行。

重点部位拉伸。在有针对地进行了肌肉群训练后，可以重点拉伸受训肌肉。例如，股四头肌拉伸我们可以采取如下方法：站立，双脚与肩同宽；将右脚后抬，用右手抓住右脚尖，缓慢上提拉伸，保持15～30秒。然后换另一侧进行。腘绳肌拉伸可以选择坐在椅子上，一侧腿伸直。身体前倾，双手逐渐触摸脚尖，缓慢拉伸，保持15～30秒，然后换另侧腿。比目鱼肌和腓肠肌拉伸可以选择的方法是：坐在椅子上，脚靠近墙边将右脚尖抬起蹬墙，逐渐使脚跟接触墙面，感受小腿后侧的拉伸，保持15～30秒。然后换另一侧进行。肱二头肌拉伸可以将右手向上伸直，然后用左手将右手向身体方向拉，感受手臂内侧的拉伸，保持15～30秒。然后换另一侧进行。

（二）深呼吸和冥想

通过深呼吸和冥想可以有效地达到放松效果，缓解身心疲劳。放松时先缓缓吸气，吸足气体后慢慢地呼气，感受腹部的收缩。重复这个过程，每次呼吸尽量保持均匀、缓慢、深沉。可以在呼吸的同时，想象自己置身于一个美丽、宁静的地方，如海边、森林或花园，让自己的身心得到完全的放松。上述过程中，播放一些柔和的音乐或自然声音，如海浪声、鸟鸣声、琴声等，放松效果更佳。冥想的时间可以根据自己的情况而定，一般建议10～15分钟。

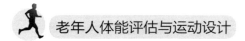

（三）轻松活动

健身后，可以进行一段时间的轻松散步，帮助身体逐渐冷却下来。散步的速度建议每分钟60～80步。散步的时间可以根据自己的情况而定，一般建议10～15分钟。在散步的过程中，可以欣赏周围的风景，呼吸新鲜空气，让身心得到放松。

（四）按摩

将按摩球或泡沫轴放在需要按摩的部位，如腿部、臀部、背部等，然后用身体的重量压在上面，缓慢地滚动，感受肌肉的放松。也可以用双手进行自我按摩，将双手放在需要按摩的部位，如肩部、颈部、手臂等，然后用手指轻轻按压、揉捏，感受肌肉的放松。

如果有家人或朋友可以帮忙，可以进行他人按摩。让家人或朋友用双手或按摩工具对自己的身体进行按摩，重点按摩肌肉紧张的部位，如腿部、臀部、背部等。在进行他人按摩时，要注意沟通和反馈，告诉按摩者自己的感受和需求，以便按摩者调整力度和手法。

三、饮食辅助缓解疲劳

（一）富含蛋白质的食物

蛋白质对修复和重建肌肉组织有很大作用。老年人可以选择每天吃一个鸡蛋的方式补充蛋白质。牛奶除了含有优质蛋白质外还含有丰富的钙和维生素D等营养成分，老年人可以每天喝一杯牛奶，对骨骼健康有益。豆类制品含有丰富的蛋白质的同时还含有大量膳食纤维，有助于肌肉修复和维持肠道健康。可以将豆类煮成汤、做成豆腐或豆浆食用。

（二）富含碳水化合物的食物

与普通面食相比，全麦面包含有更多的膳食纤维和营养成分，充足的碳水化合物能够提供持久的能量，缓解健身后的疲劳感，对老年人的健康更有益。燕麦片含糖量低，富含膳食纤维和 β–葡聚糖，老年人可以经常食用。红薯含有丰富的膳食纤维、维生素C和 β–胡萝卜素等营养成分，对老年人健康有很大帮助，而且红薯价格便宜，可以烤着吃、煮着吃或做成红薯泥，是一种美味又健康的食物。

（三）富含维生素和矿物质的食物

香蕉富含钾、碳水化合物和膳食纤维，能够维持体内电解质平衡，缓解肌肉疲劳、提供能量和促进消化。老年人可以在健身后吃一根香蕉，快速补充能量。维生素C具有抗氧化作用，能够降低运动后的氧化应激和炎症反应，还能促进胶原蛋白的合成，对皮肤和关节健康有益。老年人可以坚持每天食用一个橙子。坚果如杏仁、核桃、腰果等除了含有丰富的蛋白质、健康脂肪外还含有维生素E和镁等营养成分。维生素E具有抗氧化作用，对肌肉放松和神经功能恢复有很大帮助。老年人可以每天吃一小把坚果，作为零食或加入早餐中。

（四）富含抗氧化剂的食物

蓝莓、绿茶、番茄等富含抗氧化剂，具有抗炎、抗氧化和保护心血管健康的作用。老年人可以在健身后吃一些蓝莓，或者喝一杯蓝莓汁，帮助身体恢复。

总之，老年人参加运动健身阶段要注意营养的补充，多选择富含蛋白质、碳水化合物、维生素和矿物质的食物。同时，要注意饮食的均衡和多样化，避免过度进食或食用不健康的食物。如果老年人有身体代谢类疾病等特殊的健康问题或饮食限制，应在医生的指导下进行饮食调整。

四、注意事项

过度放松可能会导致身体冷却过度，影响下一次健身的效果。同时，过长时间的放松也可能会让老年人感到疲劳和不适。放松活动应在安全的环境中进行，避免在狭窄、拥挤或有障碍物的地方进行。确保周围没有尖锐的物体或危险物品，以免发生意外。避免突然的动作，动作要缓慢、柔和，逐渐过渡到放松状态。如果有特定的健康问题或疾病，应在医生的指导下进行放松活动。例如，如果有高血压、心脏病等疾病，应避免进行过于剧烈的放松活动。要保持良好的心态，将放松视为一种享受，而不是一种负担。不要过于追求完美的动作或效果。每个人的身体状况和柔韧性都不同，只要能够感受到身体的放松和舒适就可以了。

老年人居家健身后的放松环节对于身体恢复、心理调节和预防运动损伤都有着重要的作用。通过静态拉伸、深呼吸和冥想、轻松活动和按摩等方法，老年人可以有效地放松身体和心理，提高健身效果。在进行放松活动时，要注意适度放松、安全第一，并结合个人情况进行选择。相信通过正确的放松方法，老年人可以更好地享受居家健身的乐趣，提高生活质量。

第五节　居家健身的效果评价

居家健身避免了外出锻炼可能面临的交通风险、恶劣天气等问题，同时还可以利用视频通话、社交软件等方式与家人、朋友分享自己的健身成果和经验，增进彼此的感情，深受老年人的喜爱。但是，由于缺乏专业的健身指导，容易出现运动方法不当、难以准确把握运动强度等情况。为了更好地指导老年人进行居家健身，需要建立一套科学、合理的评价方法与标准，以评估老年人的健身效果和身体状况。

一、评价方法

（一）自我评估

老年人可以根据自己在健身后的身体变化主观感受来评估健身效果。例如，是否感到身体更加轻松、精力更加充沛、睡眠质量有所提高等。通过评估健身后的疲劳程度，可以了解身体的适应情况。如果感到过度疲劳，可能需要调整健身强度或方式。注意观察健身后是否出现疼痛、不适或受伤的情况。

（二）客观测量

养成记录运动档案的习惯，在锻炼前期记录好自己的身体各项指标，运动中期定期测量。观察体重、血压、心率及力量等的变化情况。如果在合理范围内波动，说明健身效果较好；如果下降过快或增加过多，可能需要调整方法和健身计划。

考量运动能力的变化情况，如步行速度、平衡能力、耐力等。使用秒表和卷尺，测量老年人在一定时间内行走的距离，计算步行速度。正常的步行速度可以参考年龄和性别等因素。如果步行速度有所提高，说明健身效果较好。进行简单的平衡测试，如单脚站立、闭目站立等。可以逐渐增加难度，如在不稳定的表面上进行平衡测试。进行一定时间的有氧运动，如快走、慢跑、骑自行车等，观察老年人的耐力是否有所提高。可以逐渐增加运动时间和强度，以提高耐力水平。

二、评价标准

老年人身体锻炼效果的评价可以从主观感受、客观测量、运动能力和心理状态几个方面进行（见下表）。

评价范围	评价内容	评价效果
主观感受	健身后感到身体轻松、精力充沛、睡眠质量提高，无明显疲劳、疼痛和不适	良好
	感到身体有一定程度的疲劳，但休息后能够恢复，无明显疼痛和不适感。睡眠质量有所改善，但仍有提升空间	一般
	感到无力、疼痛或不适，影响日常生活。睡眠质量没有明显改善，甚至出现失眠等问题	较差
客观测量	体重平稳波动	良好
	血压和心率正常	良好
	机体活动正常，能够完成基本的伸展动作	良好
	能够完成一定强度的力量测试，肌肉力量有所增强	良好

续表

评价范围	评价内容	评价效果
运动能力	能完成步行、上下楼梯、购物、做家务等	良好
	能够完成平衡能力测试，平衡能力有所提高	良好
	能够完成一定时间的有氧运动，耐力水平有所提高	良好
	静态心率和血压有改善，心率恢复速度改善，心肺功能得到改善	良好
心理状态	每天能够保证6～7小时的高质量睡眠	良好
	锻炼后心情愉悦、积极乐观、自信心增强	良好
	愿意参加社交活动，心情愉悦，愿意继续参加锻炼	良好

注意事项：

在进行健身评价时，要确保老年人的安全，避免进行过于剧烈的运动或测试，以免发生意外。有慢性疾病或身体不适，应在医生的指导下进行评估。根据老年人的年龄、性别、身体状况和健身目标等因素，制订适合的评价标准，评价标准应具有个性化。可以根据评价结果调整健身计划，提高健身效果。健身评价应综合考虑主观感受和客观测量等多个方面，以全面了解老年人的健身效果和身体状况。

总之，建立科学、合理的老年人居家健身评价方法与标准，对于指导老年人进行健身活动、提高健身效果和身体状况具有重要意义。通过自我评估和客观测量等方法，可以全面了解老年人的健身效果和身体状况，为制订个性化的健身计划提供依据。

第五章
老年人运动疾病与损伤预防

第一节　老年人常见的运动疾病

参加体育锻炼时身体常会出现一些异常的生理反应，老年人则更为严重。这些异常反应有些属于正常现象，有些则属于运动性疾病，我们要具备最简单的常识，懂得如何及时判断和处理，以便避免老年人产生不必要的精神紧张或防止严重的身体损伤。

一、常见运动疾病

（一）肌肉痉挛

肌肉痉挛是运动中常出现的一种症状，俗称"抽筋"，表现为肌肉疼痛、不听使唤，是一种强直性肌肉收缩，一旦发生不受主观控制。

引发原因：发生肌肉痉挛前，一般都会出现肌肉乏力或酸痛、僵硬等现象，主要是因为运动时间过长，体内缺少盐分，导致身体因失去钠、钙等物质而引起痉挛。另外，温度突然降低也能引发肌肉痉挛。老年人由于机能下降，身体所含各种元素降低，较容易发生肌肉痉挛现象，常见的部位如小腿腓肠肌、前脚掌和脚趾等。

处理措施：老年人在活动中要经常注意肌肉的不适应反应，运动时间不宜过长，注意保暖，一旦发生肌肉痉挛也不必慌张，应停止运动，强制牵拉或重按正在痉挛的肌肉，然后进行按摩肌肉以便放松和伸展。例如，当小腿后部腓肠肌或脚底痉挛时，要保持脚趾用力背屈，脚跟用力前蹬，并适宜地进行局部按摩，肌肉痉挛现象一般可自行消除。

在较长时间运动时，要及时补充水分和电解质，以维持身体电解质平衡，可减少痉挛发生的概率。

（二）肌肉酸痛

在运动一段时间后，有时会感到肌肉酸痛僵硬，尤其在隔天疼痛感加强，这种现象就是肌肉酸痛，它是运动中的正常生理现象。

引发原因：运动中肌肉收缩产生能量的同时，氧气供应不足，乳酸堆积，将刺激神经系统，引起疼痛。运动前的准备活动不够充分或者运动后没有进行及时有效的拉伸放松，都可加深肌肉酸痛程度。

处理措施：如果发生肌肉酸痛，可以适当减小运动量，减少运动次数，拉伸或按摩发生酸痛的肌肉。

（三）运动中腹痛

在运动中发生的腹部疼痛，常发生在晨间空腹或其他进食后未得到足够消化时间的运动中。根据疼痛的部位不同，表现有右上腹疼痛、左上腹疼痛和脐周部疼痛几种。

引发原因：

右上腹疼痛：由于运动强度变化大，使血液循环不畅，导致内脏不适并刺激神经引起疼痛；也可能由于肝脏与横膈膜的摩擦加剧，引起疼痛。

左上腹疼痛：体内各脏器惰性大，没有做好充分准备，不能适应运动负荷，导致血液回流受阻、供氧系统与肌肉活动协调配合失衡，引起呼吸肌紊乱，俗称"岔气"。或是饭后、饮水后，使肠系膜受到过分牵拉。

脐周部疼痛：由于身体震动牵拉腹膜并刺激感受器而引起；有时由于腹内肠痉挛、蛔虫病、腹部受凉不适也会引起脐周部疼痛；另外，机体器质性疾病，如急性阑尾炎早期也可引起脐周部疼痛。不过各种原因引发的疼痛类型不同，轻度胃肠痉挛常表现不规则的钝痛，重者可引发阵发性绞痛；蛔虫病常出现阵发性绞痛，痛感部位在脐周部不固定；腹部受凉一般表现为脐周部阵痛，有时会有腹泻感。

处理措施：

运动中发生腹痛，要慢慢减速，直至停止运动稍做休息。调节呼吸节奏，加深呼吸，可连续做多次深呼吸。同时用手按压腹部，可减轻疼痛。如数小时后疼痛仍未减轻就应到医院做进一步医学检查。

（四）膝部疼痛

膝部疼痛对于很多长期运动的人来说是一个很常见的问题。

引发原因：造成膝部疼痛的原因复杂多样，既包括外界因素，也包括内在因素。其中，场地因素是重要的外部诱因。例如，坚硬且缺乏缓冲的跑步场地，在跑步过程中会对膝盖产生较大冲击力，长此以往，极易引发膝盖损伤，进而导致膝盖疼痛。从内在因素来看，跑步者自身肌力薄弱，或是存在异常的跑步动作模式，都可能致使大腿外侧的髂胫束过度紧张。若这种紧张状态长时间得不到有效放松，同样会引发膝盖疼痛。

处理措施：当跑步过程中出现膝盖疼痛时，应立即采取正确应对措施。首先，最好停止继续跑步；若执意坚持，务必放慢速度，做到轻盈落地，缩小步幅。若疼痛较为剧烈，建议停止跑步2～4周，并在医生诊断后，按医嘱口服如布洛芬、芬必得等抗炎药物。

除药物治疗外，日常加强腿部肌肉力量训练尤为关键。通过强化膝关节周围的肌肉力量，能够有效增强膝关节的稳定性，进而对膝关节起到良好的保护作用。同时，跑步前后应充分进行牵拉和放松活动，使用泡沫轴对髂胫束进行放松，这一系列措施有助于缓解膝关节疼痛。

（五）足底筋膜炎

足底筋膜是脚底一层厚实而坚韧的结缔组织，主要作用是为脚底足弓提供支撑力，并吸收足部运动时产生的反作用力。它位于脚底跟骨前方，从脚后跟向五个脚趾呈放射状分布，向前延伸形成扇形并附着于趾骨上。当足底筋膜长时间处于伸张状态，或遭受局部强力碰撞时，便可能引发发炎现象，即"足底筋膜炎"。

引发原因：足底筋膜炎患者通常在早上起床，或者久坐后起身步行的初始阶段，疼痛最为明显，随着行走时间增加，疼痛会有所减轻。正因为这种疼痛特点，许多患者未予以足够重视，仍继续跑步，导致病情恶化。引发足底筋膜炎的主要原因包括扁平足以及运动量过大。同时，小腿肌痉挛会进一步加重这种损伤。

处理措施：在运动中感到脚底疼痛或不舒服的时候应当及时停止运动，有条件的应该及时冰敷，避免做足趾上翘的动作，平时也要多做足部的牵拉和放松。在此教给大家一个简单的自我放松足部的方法，找一个网球，然后把脚踩在网球上，用自己的身体去按压网球，从而起到放松足底筋膜的作用，效果非常好。

二、预防慢性运动损伤

（一）预防腰腿痛

腰腿痛是较为常见的运动疾病，注意正确行为与习惯，能有效预防。以下详细介绍预防腰腿痛的关键要点：

锻炼要适度。进行锻炼时，压腿、弯腰动作的幅度要适宜，参与运动的时间要合理。过度追求大幅度，不仅无法实现锻炼目标，还可能引发腰椎间盘突出等症状。比如，在进行瑜伽或健身操的相关动作时，需遵循身体的承受范围。

养成良好的行为习惯。需时刻留意腰腿保暖，避免受寒，特别是运动结束后身体毛孔打开，散发大量热量，极易受到寒风侵袭导致患病。同时，要防止身体过度劳累，让身体得到充分休息。长时间的劳累会增加腰腿部的负担，易引发疼痛。

保持正确身体姿势。脊柱若长期处于不正状态，椎间盘所受压力会不均匀，这是导致腰椎间盘突出的潜在因素。此外，不要长时间维持同一姿势，应适时进行原地活动，或者开展腰背部的简单活动，以此缓解腰背肌肉的疲劳。例如，"办公族"每隔一段时间就起身走动、伸展腰背。

负重时身体姿势要正确。负重练习或日常提重物时，切勿直接弯腰。正确做法是先蹲下，稳稳拿住重物后，保持上身挺直再缓慢起身，尽可能避免弯腰动作。从生物力学角度而言，腰4至腰5以及腰5至骶1椎间盘承受压力最大，活动度也最大，而后纵韧带在这两个节段相对较窄，所以这两个部位的椎间盘最易受损，临床中也以腰4至腰5、腰5至骶1腰椎间盘突出最为多见。

保持均衡饮食。多摄入富含蛋白质与维生素的食物，减少脂肪、胆固醇的摄取，防止身体肥胖。同时，要做到戒烟控酒，良好的饮食习惯有助于维持身体的健康状态，减轻腰腿部压力。

注意保暖。寒冷会使腰腿部肌肉收缩，影响血液循环，进而加重疼痛风险，因此一定要注意防寒保暖。

劳逸结合。腰椎间盘突出属于运动系统疾病，预防需减少过度运动，注重放松休息。在工作中，要合理安排时间，做到劳逸结合，保持正确姿势，避免长时间久坐或久站。在进行剧烈运动前，务必做好充分的准备活动，让身体提前适应运动强度。

加强腰背肌锻炼。日常应积极加强腰背肌锻炼，增强腰椎的稳定性。强壮的腰背肌能更好地支撑腰椎，降低腰腿痛的发生概率。比如，可通过"小飞燕"、五点支撑等锻炼方法来强化腰背肌。

选择合适床铺。卧床休息时，建议选用硬板床，它能有效维持脊柱的生理弯曲，为脊柱提供良好支撑，对预防腰腿痛起到积极作用。

（二）防止老年人骨质疏松

户外运动不仅能通过全身运动，促进骨密度增强，还可以通过太阳光的照射，增加人体维生素D的合成。据资料显示每日晒太阳20分钟左右，可以很好地预防骨质疏松症。

适当补充钙剂。预防骨质疏松的最好方法就是合理地补充一些钙剂，而补充钙剂的完美时间是吃过晚饭之后，这个时候人体对于钙剂的吸收率和利用率非常高。但是钙的补充也不能盲目过量，成人每日补钙800毫克即可。

中医艾灸。有关研究表明，艾灸中脘、脾俞、肝俞、足三里等相关穴位，可以防治肝气不足、肝肾阴虚、肾阳虚，补肾益气，从而可以预防骨质疏松。

平衡饮食，拒绝不良生活习惯。钙的来源主要依靠膳食，多吃牛奶、蛋类、菠菜、洋葱、鱼虾、坚果、五谷杂粮等含钙和维生素D高的食物可以有效预防骨质疏松。另外，要避免增加钙流失的不良生活习惯，长期抽烟、大量喝酒、常喝碳酸饮料都可以加速骨质疏松的发生。

适当用补肾益气的中药进行调理。老年人特别是绝经期的女性，可以适当选用杜仲、桃仁、黄芪、丹参、淫羊藿、木香、黑豆、熟地、骨碎补等中药进行定期调理。这些物质有壮骨生髓、补肾益气、调节血钙及激素平衡的作用，可以有效地缓解因激素突然减少引起的骨代谢紊乱，改善临床症状，促进骨密度增加。

第二节　老年人运动损伤预防

老年人在体育运动中，因为缺乏体育保健知识，肌肉力量不足，活动不协调，以及防护措施不当等原因常会造成运动损伤。

一、运动损伤发生的直接原因

（一）认识不足，措施不当

首先，有部分老年人对预防运动损伤的意义认识不足、思想麻痹，片面地认为运动损伤难免、运动损伤不过是些小伤小病。

其次，不少老年人没有认识到自己身体的衰老程度，生活经验不多，缺少防伤意识。运动中好胜心强，总觉得我以前可以做到现在仍然可以；心血来潮时忘乎所以，常盲目、冒失地从事力所不及的运动，导致运动损伤。

（二）准备活动不足

我们为什么要不断强调准备活动？因为充分的准备活动能提高中枢神经系统的兴奋感，特别是克服植物性神经的惰性，是保证身体不受损伤的主要手段。准备过程中通过全身各关节、肌肉的活动，促进血液循环，使肌肉组织得到充足的血液供应，增强肌肉的力量和弹性，为正式活动做好充分的准备。

（三）运动量安排不合理

运动实践充分表明，运动量若安排不合理，非但无法达到锻炼身体的预期效果，反而容易引发运动损伤。以长期局部负荷过大的情况为例，像有些人进行锻炼时，只专注于某一项运动，比如长时间仅进行单一的跑步训练，或者过度集中于某一部位的力量练习，致使身体局部承受的压力远超人体组织正常的耐受范围。在这种状态下持续锻炼，人体组织结构由于过度摩擦、挤压，或者因过度牵拉，会不断积累微细损伤，久而久之，便会发展成慢性损伤。

二、运动损伤类型

发生运动损伤时伤者和工作人员不要慌张，要根据实际情况做好及时的应急处理。下面介绍几种常见的运动损伤类型：

（一）闭合性软组织损伤

闭合性软组织损伤是指在运动中因各种冲击、挤压、摔倒、用力过猛等钝力作用，使身体局部软组织内部受损而造成的闭合性损伤。常见有踝关节扭伤、膝关节扭伤等。表现为皮肤和黏膜仍保持完整、伤处无裂口与外界相通，但会出现疼痛、发热、肿胀、活动受限等现象，严重时局部还有隆起或波动感。

发生闭合性软组织损伤时，应马上停止运动，制动伤肢，可用冰袋或冷水冷敷伤处，以免受损内部出血过多形成血肿，并抬高伤肢，必要时进行加压包扎。经过48小时后，可进行轻度按摩或热敷患处以促进血液循环，加速血肿和渗液的吸收。切忌损伤发生时进行按摩复位。

（二）开放性软组织损伤

开放性软组织损伤是指在运动中因身体表面与粗糙物体相互摩擦造成皮肤擦伤（如摔倒至皮肤擦伤）；因利器刺入、割、划而造成的损伤都属于开放性软组织损伤。其特征为伤后皮肤或黏膜的完整性遭到破坏，且有明显的外出血现象。

当发生开发性软组织损伤时，首先要注意保护伤口不受二次污染，禁用不干净的水或自来水冲洗伤口，应使用生理盐水冲洗。轻度擦伤时，伤口干净者一般只需涂上消毒水消毒处理，几日后即可自愈。重度损伤时，首先需要进行有效止血（止血可采用冷敷法、抬高肢体法、绷带加压包扎法、手指直接点压止血法），然后到医院使用抗菌药物进行治疗。特别严重者应到医院进行手术缝合，注射破伤风抗毒素等治疗。

（三）鼻出血（鼻部受外力撞击而出血）

处理方法：应使受伤者坐下，头后仰，伤者暂时用口呼吸，鼻孔用纱布塞住，用冷毛巾敷在前额和鼻梁上，轻度患者短时间内一般即可止血。

（四）脑震荡

脑震荡是指运动中跌倒伤及头部或头部受外力打击或碰撞到坚硬物体，使脑神经细胞、纤维受到过度震动而引发的脑部疾病。如被飞来的球击中，或从高处跌落后脑部着地等都可造成脑震荡。脑震荡可分为轻度脑震荡、中度脑震荡和重度脑震荡。受伤后患者会出现意识障碍，大都感到神志恍惚，重者可导致昏迷、神经反射减弱或消失，清醒后常伴有头晕、头痛、恶心、呕吐等症状。

处理方法：首先应让患者平卧，头部冷敷，身体保暖，及时送医院治疗。对轻度脑震荡的病人，安静卧床休息一二天后，可在一周后参加适当的活动。对中、重度的脑震荡患者，若有昏迷可指掐人中穴和内关穴，呼吸发生障碍可实施人工呼吸，并立即送医院进行治疗处理。在送往医院的途中要让伤者平卧，头部用物体垫起并相对固定，避免再次颠簸震动；随时观察伤者，对意识不清者应让其侧卧，以防止呕吐物吸入气管和舌头后坠而发生窒息。

（五）脱臼

运动中由于直接或间接的暴力作用，使关节面脱离了正常的解剖位置（完全脱位），或关节面部分错位（半脱位）。表现为受伤关节剧烈疼痛，并伴有明显压痛，受伤关节完全不能活动，严重者关节隆起处塌陷，整个肢体常呈畸形状。

处理方法：立即制动，不可乱伸乱扭。可以先冷敷患处，扎上绷带，保持关节固定不动，再送往医院请医生处理。

（六）骨折

骨折是指运动中受到直接或间接的暴力作用，使骨组织受到损伤折裂的症状。如摔倒后手撑地面而导致手腕、肘、锁骨骨折。骨折时常表现为患部剧烈疼痛，出现局部肿胀等症状，或导致功能障碍；严重者因疼痛、出血还可导致肢体形态发生改变，更有甚者可能发生休克乃至危及生命。

处理方法：第一时间拨打120电话请求医疗救治。如果需要自行救治时，首先应使伤者制动，防止休克，注意保暖，然后做固定处理，切勿使伤肢发生位移。临时救助可找木板、塑料板等将肢体骨折部位固定起来，防止伤处活动组织受损。如一时找不到外固定的材料，骨折在上肢者，可屈曲肘关节固定于躯干上；下肢骨折者可固定于对应侧肢体上。如果怀疑脊柱有骨折者，切勿随意搬动伤者，不能抬伤者头部，避免损伤患者脊髓。需要急救时应将伤者小心平移到门板或担架等硬性物体上，躯干四周用衣服、被单等垫好，不致移动，迅速送往医院。昏迷者应俯卧，头转向一侧，以免呕吐时将呕吐物吸入肺内。怀疑颈椎骨折时，需在头颈两侧置一枕头或扶持患者头颈部，不使其在运输途中发生晃动。如果伴有开放性出血应马上止血止痛，然后包扎固定，送医院治疗。

（七）跟腱断裂

运动中因动作过于猛烈，当踝关节过度背伸又突然屈趾时，就极易造成跟腱断裂。受伤时跟腱部似有被

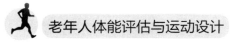

钝物打击之感或有断裂声，表现为局部疼痛、足趾屈无力、断裂伤部肿胀，或出现皮下瘀斑，不能用足掌支撑站立。

处理方法：及时制动，采取局部冷敷止血，尽快送往医院进行治疗。

第六章
老年人体育活动策划

第一节　组织方法与活动程序

组织开展老年人体育活动工作程序复杂，需要考虑的要素很多，既要遵循老年人的活动规律，又要按照实际情况科学地策划、管理，过程中必须遵循相对规范的过程及步骤。

一、老年人体育活动策划的基本思路

组织活动的基本思路可以用五个"W"来概括，即：

Why——说明为什么举办这个活动，包括活动的目的、意义、宗旨和方向。

Who——说明这次活动的参与者、赞助人、组织

者、主办单位、承办单位、管理部门等。

When——说明举行活动的时间，包括开始时间、结束时间。

Where——说明举行活动的地点。

What——说明活动的主要内容是什么，具体分哪几部分，有什么环节。

二、组织活动的基本程序

（一）调查、分析，确立主题

组织开展老年人体育活动必须充分考虑到老年人的需求和实际能力，寻找具有新颖性、特殊性、适宜性的活动主题。前期要通过问卷调查、谈话等方式，了解老年人的兴趣点、身体状况及运动基础等。

（二）确定设计内容，准备场地、物资与人员

活动具体设计是将前期调查、分析、设想具体化，按照实际操作的需要进行细节策划和设计。在设计环节中要考虑场地、时间、流程、内容、配备服务、器材准备等，并根据活动方式逐一落实，各环节要有专人负责。另外，组织老年人活动还要安排安全与急救人员，配备必要的急救药品和设备，有条件的可以联系专业医务人员现场指导。

（三）审查及审批，撰写策划书、通知、邀请函等

我们在具体实施与组织前，某些活动要得到相关管理部门的审核、备案及批准。取得许可以后组织者要制作完整详尽的策划书、通知、邀请函等。

（四）组织开展活动

组织人员确定好分工，按照程序规定开展活动。活动过程中要有热身与讲解环节，热身活动安排5～10分钟，对老年人的讲解要耐心、热情、语言通俗易懂。活动进行时要安排个性化指导，指导人员巡视观察，因人而异，切不可千篇一律。最好要有互动和激励环节，对表现好的老年人给予小奖品或口头表扬，激励他们持续参与，提高积极性。

（五）活动评估

活动开展实施完成后，组织者需要对此次活动的策划及实施情况进行评估和反思，从而不断提升策划者的能力和水平。可以组织老年人填写满意度调查问卷，让他们提出宝贵意见与建议，为以后开展活动做好准备。

第二节 活动策划方案的编写

组织开展一次体育活动是一场十分复杂而且具体的工作，特别是组织老年人活动，需要考虑的各方面因

素很多，如果是规模较大的活动涉及的部门和人员也很多，组织工作更是烦琐，如果组织不当就会出现混乱甚至严重的问题。那么如何才能组织好一次老年人活动呢？我们可以根据以下几个步骤逐一进行。

一、策划实施的过程

1. 活动筹划阶段：进行活动筹划，制订活动方案。

2. 确定活动组织安排：拟定各领导组、负责人等。根据活动规模可设定活动组、宣传组、后勤组、安全组、医疗组等。拟定活动规程、通知提前下发，规程是保障活动公正公平的纲领性文件，也是参加者和组织者的具体依据。

3. 活动宣传阶段：发放通知、规程、张贴海报、传输文件等。

4. 各部门的工作安排：建立了各组织机构部门后，各部门要明确各自的工作任务和职能，根据各自的岗位职责做好准备工作，如准备资金、物品（道具）、药物等。

5. 启动阶段：报名、编排秩序、联系场地、布置道具等。

6. 活动进行期管理阶段：各部门负责人按照要求分工协作，统筹部署，集全力组织活动，确保活动顺利开展及圆满结束。

二、策划书的内容和要求

把策划过程用文字完整地记录下来就是活动策划书。

（一）标题

标题通常由两部分组成：基本部分（活动性质和内容）和限定部分（人物、时间、地点等）。

（二）封面

封面应简洁明了，突出以下三点：注明活动内容的全称、策划人或组织单位名称、策划书完成时间。

（三）活动背景（指导思想）及活动目标

要求说明此项活动的特性，要达到什么样的目的。

（四）活动时间

在活动时间上注意要说明报名时间、开始时间、结束时间等。

（五）活动地点

地点要注明报到地点、活动地点，有分会场的还要注明分会场的时间地点。

（六）活动主题

活动主题就是举办这次活动的宗旨，要简明扼要、突出主题。

（七）组织单位

一次活动中可能有主办单位、承办单位、协办单位。顺序是先主办单位，再承办单位，然后是协办单位。有赞助商的活动还要注明赞助单位。

（八）组织领导机构

大型活动都要设立组织领导机构，一般由主办单位的领导担任组委会主任，其他单位或领导担任副主任。如果主办单位只是挂名，主要工作由承办单位负责的话，一般还要设立一个筹委会，筹委会主任由承办单位领导担任。组织领导机构还可设委员、顾问等。

（九）组织结构及任务分工

组织大型体育活动要对各项工作任务进行分工，每个任务组要安排组长或具体负责人。如活动组、后勤组、医务组、宣传组、裁判组、奖品组等。

（十）活动程序安排（进度表）

组织者要对活动的具体进程进行安排，包括组别、项目、时间、参加人数等，活动开展时严格按照此程序表进行，以免造成混乱。

（十一）活动注意事项

对活动中容易出现的不稳定因素或容易忽视的环节要明确提出要求和建议。如活动中容易出现的事故、对参加人员的资格要求、安全要求等。

（十二）活动所需支持、资金预算及来源

说明资金来源及保障。明确各项经费收支，把各种费用明确化以获得最优的效益。

（十三）风险分析

活动开展前要对各种风险进行预测。如经济风险、政治风险、自然风险、安全风险等，要有明确的规避风险的意识和解决方案。

（十四）其他事宜

其他需要强调的事项。

（十五）落款

写明策划人的姓名、时间。

（十六）附件

主要点明还有什么附属文件。如报名表一般以附件的形式出现。

三、活动公告的编写

（一）海报

活动公告的海报是一种宣传形式，它的写作比较灵活，但要将活动的时间、地点和内容三方面写清楚。在结构形式上有标题、正文和结尾。

标题的位置可以根据排版的需要任意设计，但要注意尽量使标题能最大限度地吸引人们的主意。正文文字要简明扼要，写清时间、地点、内容和参加办法等。例如：×××年××月××日在社区老年人活动中心将要举行老年人门球比赛，欢迎踊跃报名参加。有时还可以加入鲜明的吸引人的口号等。

（二）邀请函

邀请通常分为正式和非正式两种类型。非正式邀请一般通过口头表达，形式较为随意，常出现在日常朋友聚会、临时邀约等场景中。而正式邀请，因注重礼仪规范，且需确保被邀请者能准确记住相关信息，多以书面形式呈现，也就是制作邀请函。

一份完整的邀请函，应涵盖以下关键内容：详细说明礼仪活动的背景、举办目的以及活动确切名称；明确标注主办单位和相关组织机构；清晰阐述活动的具体内容与形式；指明活动面向的参加对象；精准给出活动的时间、地点，附上联络方式，以及任何其他需特别说明的事项。这些内容务必依据实际情况如实填写。正式邀请函具有礼貌性强、情感真挚、语言简洁易懂、适用场景广泛等显著特点。

四、程序册的编写

1. 设计封面，写清活动的名称、主办单位、承办单位、时间等。

2.目录（根据程序册的内容标明内容页码）。

3. 活动规程 ：规程主要说明活动的名称、目的任务、时间、地点、项目、组别、参加方法、竞赛规则、录取与奖励办法等（规程和报名表提前发放）。

4.补充通知。

5.开幕式、闭幕式程序。

6. 裁判员名单、参加人员信息、活动作息时间表等。

7. 活动时间表：写明各活动组别、项目的具体时间，一般精确到分钟。

8.竞赛分组表：写明分组方法，如按年龄分、按性别分、按单位分等。

9.场地平面示意图及安全通道指示。

第三节　活动过程的管理

一、场地、器材的布置和准备

老年人体育活动的场地可选择室内、露天等场所，但一定要注意是否符合活动内容，如羽毛球活动一般不安排在室外，团体活动要有足够的空间；还需要考虑场地交通是否便利，水、电等基础设施是否齐全，温度、通风、空间等条件是否适宜活动等。出入口要能够保证人流畅通无阻地出入，而疏散通道、急救车辆的通行区一定不能堵塞。

场地的布置形式可以多样化，但必须符合活动的主题，对于老年人活动场地要安排休息座椅且保证数量，场地内地面要平整、防滑，各种设备无锐角和凸起，器材之间要保证一定的安全距离。

二、人员的安排管理

全体组织者是否各尽其责、有效应用是活动成败的关键，在人员安排上要不求其全备而用其所长，坚持挖掘潜能和学习。另外，还可以招募志愿者，志愿者通常可参与的工作有场地引导员、接待礼仪员、计时员、记录员、后勤工作员、安全监督员等。

三、活动程序与危机管理

（一）活动合理化、人性化

组织体育活动不能心血来潮、凭空想象，要根据老年人的年龄、身体健康状况、兴趣爱好、背景等实事求是调查，反复斟酌。活动的强度要以能适宜大多数老人为主，如果是竞赛类项目也要考虑老年人的身体承受能力，可适当简洁化，降低竞技性，增加趣味性。

体育活动开始前工作人员要微笑、诚恳地帮助并告知老人要选择合理的运动服饰，带领老人做好适当的热身活动，并告诫老人患病期间不宜运动等。活动时要不断注意观察每位老人，注意他们的接受情况与适应能力等，以便及时调整。

（二）适当把控节奏

指导人员必须把握好老年人活动课堂的节奏，使活动呈现出和谐氛围。

第一方面要针对"学情"调整节奏。学习活动过程中节奏要灵活多变，指导方式采用针对老人实际情况的方式方法，一般来说年龄越大，学习和活动的节奏应该越慢，把握这个"度"就要求指导人员经常观察老人、与老人交流沟通，以老人满意为准。

第二方面根据内容调节节奏。舞蹈、健身操等活动可采用快节奏，游戏、竞赛类活动应采用慢节奏，给老人充分的休息时间。

第三方面根据情绪调节节奏。组织者切忌按照活动程序步骤推进活动，而不顾老人的反应。当老人对活动内容感到肤浅而无兴趣时要加快节奏，当老人感到疲惫时要减慢节奏，可适当增加幽默有趣的内容调节活动现场气氛。

（三）时刻防范突发事故

在组织老年人体育活动时，提前制订危机应对方案至关重要。方案需确保在危机来临前，工作人员能充分做好准备，从容应对。全体工作人员必须高度重视危机预防工作，时刻保持警惕。一旦危机突然降临，要做到临危不惧，迅速做出反应并尽早着手处理。行动务必遵循快速、有效、简洁的原则。工作人员应第一时间掌控信息发布的主动权，有序组织各项应对措施，全力避免因信息不畅或处置不当，导致老年人群体产生大面积恐慌，进而引发其他不良后果。只有在危机发生前精心筹备、危机发生时妥善应对，才能保障体育活动顺利推进，切实维护老年人的安全与活动秩序。

第七章
患病老年人的体育运动设计

第一节　糖尿病老年人的体育运动设计

糖尿病是老年人群中一种常见的慢性疾病，对于患糖尿病的老年人来说，他们既需要运动又不能盲目地运动。然而，由于老年人身体机能下降且患有糖尿病这一特殊情况，其体育运动的开展需要更加谨慎和科学。

一、运动前评估与准备

（一）医学评估

患糖尿病的老年人在开始运动之前，需到医院进行全面的医学评估。在医生的指导下综合评定患者的年龄、病史、糖尿病类型及控制情况、是否存在并发症（如心血管疾病、视网膜病变、神经病变、肾病等）以及身体的整体机能状态等因素。例如，对于合并有严重心血管疾病的患者，高强度的运动可能会引发心脏不适甚至心肌梗死等严重后果；而存在视网膜病变的患者，剧烈运动可能导致视网膜出血或脱离。通过详细的医学检查，如心电图、血压监测、眼底检查、肾功能评估等，能够准确判断患者是否适合运动以及适合何种运动方式和强度，从而为个人制订个性化的运动处方提供科学依据，切勿盲目跟风。

（二）身体准备

患糖尿病的老年人在确定好参加体育运动后要根据自身评估和运动方案做好合适的身体准备，掌握科学的判断方法。首先选择合适的运动装备，由于糖尿病患者足部神经和血管病变可能导致感觉减退和血液循环不畅，即使是轻微的足部损伤也可能引发难以愈合的溃疡和感染，因此一双合适的运动鞋尤为重要。穿着具有良好支撑性、舒适和柔软透气的运动鞋，可以减少足底压力和摩擦，避免足部受伤。衣服选择柔软宽松、吸汗性好的运动服装，便于运动，有助于保持身体干爽，提高运动的舒适度。

其次做好热身活动。常见的热身动作包括轻松的步行、缓慢的关节活动（如转动手腕、脚踝，屈伸膝关节和髋关节等）以及简单的全身伸展运动，持续时间一般为5～10分钟。例如，在进行关节活动时，可按照顺时针和逆时针方向分别转动手腕和脚踝各5～10圈，以充分活动关节周围的肌肉和韧带。

再次，运动前监测血糖水平是至关重要的环节，只有掌握了自身的身体状况才能开展合适的运动。如果血糖过高（一般空腹血糖大于16.7mmol/L），运动可能会使血糖进一步升高，导致酮症酸中毒等急性并发症的发生；相反血糖过低（小于3.9mmol/L）时更加危险，运动可能引发低血糖昏迷，危及生命。因此，老年人应在运动前使用血糖仪准确测量血糖，并根据血糖值调整运动计划或采取相应的措施。

二、适合的运动项目

（一）有氧运动

老年人的运动方式应以有氧运动为主。例如，步行是一种简单易行且适合大多数糖尿病老年人的有氧运动方式。步行速度可根据个人身体状况进行调整，一般以每分钟60～100步为宜。在平坦的道路上进行步行锻炼，既能增强心肺功能，又能促进下肢血液循环。老年人可以选择在公园、小区内或环境优美、空气清新的地方进行步行运动，每次持续时间为30～60分钟。例如，可先从每天步行15～20分钟开始，逐渐增加步行时间和距离，每周至少进行5次步行锻炼。

太极拳动作缓慢、刚柔结合，对身体的协调性、平衡性等多方面功能锻炼全面，具有良好的健身效果，非常适合患有糖尿病老年人练习。其独特的呼吸方式和身体运动相结合，能够调节呼吸功能、增强心肺耐力，同时对身体的平衡能力、柔韧性和肌肉力量也有一定的锻炼作用。游泳是一种对关节压力较小的全身性运动，适合有关节疾病或身体较为肥胖的糖尿病老年人。进行水中运动时，水的浮力能够减轻身体各关节的负担，同时人体需抵抗水的阻力有效增加运动的强度。不同的泳姿（如蛙泳、自由泳、仰泳等）可以锻炼到不同的肌肉群，有助于提高身体的肌肉力量和耐力。老年人在游泳时应选择水温适宜、水质清洁、安全设施完备的游泳池，每周进行2～3次游泳锻炼，每次30～60分钟。但需要注意的是，游泳前要做好热身活动，游泳后要及时清洁身体，尤其是耳部和皮肤褶皱处，防止感染。

广场舞简单易学、强度不大，作为一项集体运动项目又有一定的趣味性，锻炼身体效果较好，非常适合糖尿病老年人练习。需要注意的是患糖尿病老年人要把握好广场舞的运动时间和运动强度，每次运动时间不能超过60分钟，切勿跟随团队盲目运动，更要掌握好活动作息时间，不可扰民。

（二）力量训练

器械练习可以有效增强肌肉力量，患糖尿病的老年人练习时要选择轻量级器械训练，贵在长期坚持而不是练习力量越大越好。例如，使用哑铃进行简单的手臂力量练习，如手臂弯举（双手持哑铃，上臂保持固定，小臂缓慢向上弯举）、肩部推举（坐在椅子上，双手持哑铃向上推举）等动作，每个动作进行2~3组，每组8~12次。使用器械训练时要注意掌握正确的动作技巧，避免因姿势不当造成肌肉拉伤或关节损伤。同时，要根据自身的体力和耐力逐渐增加哑铃的重量，但不宜过重。

自重训练无须借助器械，利用自身重量进行锻炼，更加方便易行且安全性较高。练习时也不受场地限制，练习动作可以选择深蹲（双脚与肩同宽，保持上体挺直，缓慢下蹲，保持膝盖不超过脚尖，然后再缓慢站起）、平板支撑（双肘和双脚支撑地面，保持身体呈一条直线）、仰卧起坐（平躺在地上，屈膝，双手抱头，缓慢抬起上半身）等。糖尿病老年人进行自重训练时，每个动作可进行2~3组，每组根据自身情况持续一定时间或重复一定次数，每周进行3~4次训练。

（三）柔韧性训练

瑜伽包含了众多的体式和呼吸练习，对于提高身体的柔韧性、平衡能力和心理放松具有显著效果。糖尿病老年人可以选择一些较为温和、适合初学者的瑜伽体式进行练习，如猫牛式（通过脊柱的屈伸活动来伸展背部肌肉）、下犬式（双手放在地面，与肩同宽，双脚与髋同宽，将臀部抬高，使身体形成倒"V"字形，拉伸腿部后侧和背部肌肉）、树式（单脚站立，将另一只脚放在站立腿的内侧，双手向上合十，提高身体的平衡能力和腿部力量）等。在练习瑜伽时，要注意听从教练的指导，掌握正确的呼吸方法和体式要领，避免过度拉伸造成肌肉或关节损伤。

在日常生活中，糖尿病老年人也可以随时进行一些简单的伸展运动，以缓解肌肉紧张、提高身体柔韧性。比如坐在椅子上，伸直一条腿，用手去够脚尖，保持这个姿势15～30秒，然后换另一条腿，可有效拉伸腿部后侧的肌肉和韧带；站立位时，双手向上伸直，然后向左或向右侧弯曲身体，感受身体侧面的拉伸；还可以进行颈部的伸展运动，如缓慢转动头部、低头和抬头等动作，缓解颈部肌肉的疲劳。

三、运动强度与时间

（一）运动强度

运动强度是检测运动科学性的一项主要指标，运动强度的合理控制对于糖尿病老年人至关重要，过强或过弱的运动强度都可能无法达到理想的运动效果，甚至会对身体造成不良影响。运动时如何确定运动强度是否合理呢？我们可以通过测量心率进行评估。一般来说，糖尿病老年人应以低强度或中等强度练习为宜。首先，利用公式：最大心率=220-年龄，计算出最大心率，这个心率数值是人体所能承受的最大心率，然后用最大心率乘以50%~70%即为中等强度的运动心率。例如，对于一位70岁的糖尿病老年人，其最大心率为220-70=150次/分钟，那么他在选择中等强度运动时的心率应保持在75~105次/分钟。在运动过程中，老年人可以通过佩戴运动手环或触摸脉搏的方式来监测自己的心率，确保运动强度处于合适的范围。因为每个人的生理功能存在差异，所以也不能千篇一律依靠数值规律，应遵循个人的感官效果，感觉呼吸急促、心慌、胸闷，应降低运动强度或停止运动。

（二）运动时间

一般来说，有氧运动的持续时间相对较长，每次可进行30~60分钟，可分为若干个小段进行，中间适当休息片刻，以避免过度疲劳。例如，步行运动可以先步行10~15分钟，休息2~3分钟后再继续步行，这样循环进行，直至达到预定的运动时间。力量训练和柔韧性训练的时间相对较短，力量训练每组动作的时间加上组间休息时间一般为10~15分钟，每次进行2~3组。糖尿病老年人每周运动的总时间应不少于150分钟，可根据自身情况将运动均匀分配到不同的天数进行。

四、运动中的注意事项

（一）安全保障

老年人运动过程中要高度重视安全保障，有条件的情况下要有人陪伴或结伴活动。运动应选择安全、平坦、无障碍物、空气流通良好且光线充足的运动场所，如公园、社区健身广场或室内健身房等。避免在交通繁忙的道路旁、湿滑的地面或环境复杂的地方进行运动，以防止摔倒、碰撞等意外事故的发生。

糖尿病老年人在运动时应随身携带一些必要的物品，如血糖仪、含糖食物（如糖果、饼干等）、急救药品（如硝酸甘油等，对于合并心血管疾病的患者）以及个人身份信息卡片（注明姓名、疾病史、紧急联系人电话等）。这样在运动过程中如果出现血糖异常、心脏不适或其他突发情况时，可以及时进行自我监测、处理或寻求他人帮助。

（二）身体反应监测

除了通过心率监测运动强度是否合适外，还要注意是否有头晕、头痛、心慌、胸闷、呼吸困难、胸痛、恶心、呕吐、肢体疼痛或麻木等不适症状。若有上述症状，应立即停止运动，在原地进行休息观察身体状况或采取急救措施。有糖尿病的老年人运动时忌大量出汗，避免出现低血糖症状。若出现低血糖症状（如头晕、心慌、手抖、出汗等），应立即坐下或躺下，迅速食用携带的含糖食物，症状可在15分钟左右逐渐缓解；若症状持续不缓解或加重，应及时呼叫急救人员。同时，要注意观察运动后身体的恢复情况，如疲劳感是否在合理时间内消失、睡眠质量是否受到影响等，以便及时调整运动计划。

（三）血糖变化应对

运动过程中血糖水平可能会发生变化，因此需要定期监测血糖并做好应对措施。一般来说，运动开始后的一段时间内，血糖可能会逐渐下降，尤其是在进行较长时间的有氧运动时。为了预防低血糖的发生，老年人可以在运动前适当增加碳水化合物的摄入量，或者在运动过程中根据需要适时补充一些含糖饮料或食物。此外，运动前后的血糖监测数据应详细记录，以便医生了解患者的血糖变化规律，为制订更合理的治疗和运动计划提供参考。

（四）足部护理

糖尿病患者由于神经病变和血管病变，足部容易出现感觉减退、血液循环不畅等问题，因此在运动过程中要特别注意足部护理。首先，要选择合适的运动鞋，确保鞋子尺码合适、内部平整无异物、鞋底有良好的缓冲和支撑作用。其次，要注意保持足部清洁，运动后及时清洗足部，擦干后检查足部是否有红肿、水泡、破损等情况。如果发现足部有任何异常，应及时就医处理，切勿自行盲目处理，以免引发严重的足部感染。此外，糖尿病老年人平时还应注意修剪趾甲，避免趾甲过长或过短，防止损伤足部皮肤。

五、运动后的恢复与调整

（一）放松活动

运动结束后，不要立即停止活动，而应进行5～10分钟的放松运动，帮助身体逐渐从运动状态恢复到平静状态，减少肌肉酸痛和疲劳感。例如，在步行运动结束后，可以先放慢步行速度，再逐渐过渡到缓慢的原地踏步，然后进行全身的伸展运动，如站立位体前屈（双脚并拢，双腿伸直，缓慢弯腰，用手尽量去触摸地面，感受腿部后侧和腰部的拉伸）、手臂和肩部的环绕运动等，每个动作保持15～30秒。

（二）血糖监测与补充营养

患糖尿病老年人在运动后要再次监测自己的血糖水平，因为运动对血糖有一定的影响，以便及时调整饮食或药物治疗方案。如果血糖偏低（小于3.9mmol/L），应立即进食一杯果汁、几块饼干或一些葡萄糖片等，以纠正低血糖状态。如果运动后血糖正常或略高，可进食一杯牛奶、一片全麦面包或一个水果等，以帮助身体恢复能量和修复肌肉。但要注意控制食物的摄入量，避免因进食过多而导致血糖大幅升高。

（三）身体恢复评估

老年人应关注自己运动后的疲劳感是否在1～2天内逐渐消失、睡眠质量是否良好、食欲是否正常以及是否有肌肉酸痛或关节疼痛等不适症状。如果运动后疲劳感持续时间较长、睡眠质量差、食欲不振或出现明显的肌肉关节疼痛，应适当减少运动强度或调整运动项目。同时，要注意给身体足够的休息时间，避免连续进行高强度的运动，一般每周应安排1～2天的休息时间，让身体有机会进行自我修复和调整。

（四）运动计划调整

根据运动前的评估、运动过程中的身体反应以及运动后的恢复情况，糖尿病老年人应定期（如每月或每季度）对运动计划进行调整。如果在运动过程中发现某种运动项目或运动强度对血糖控制效果不佳，或者身体出现了不适反应，应及时与医生或专业的健身教练沟通，对运动计划进行调整。例如，若发现某个力量训练动作导致关节疼痛加重，可考虑更换为其他对关节压力较小的动作。此外，随着身体机能的逐渐改善和适应，也可以在医生的指导下逐渐增加运动的难度或强度，但要注意循序渐进，避免过度运动对身体造成伤害。

总之，对于患糖尿病的老年人来说，体育运动是控制血糖、改善健康状况的重要手段，但必须在科学、合理、安全的前提下进行。通过全面的评估与准备、制订合理运动项目、掌握运动强度和时间、把握注意事项以及做好运动后的恢复与调整等多方面的综合考量和实施，糖尿病老年人能够通过体育锻炼有效降低糖尿病并发症的发生概率，改善生活质量，保持身心健康。同时，家人和社会也应给予这一特殊群体更多的关注和支持，鼓励他们积极参与体育运动。

第二节　高血压老年人体育运动设计

近年来随着生活水平的提高，高血压成为威胁老年人健康的常见慢性疾病之一。合理的体育运动对于高血压老年人而言不仅有助于降低血压、改善心血管功能，还能增强身体的柔韧性、平衡力与肌肉力量，改善生活自理能力，调节心理压力，降低心血管疾病并发症的发生概率。但是，由于老年人身体机能衰退且患有高血压这一特殊病症，其体育运动又不能盲目地进行。有效的体育运动，涵盖运动前的精准评估与细致准备、适宜运动项目的详细推荐、运动强度与时长的科学把控、运动过程中的关键注意事项以及运动后的妥善恢复与合理调整等多个方面，只有在科学的保障健康的前提下，合理运动才能带来诸多益处，提升晚年生活的品质与幸福感。

一、运动前评估与准备

（一）医学评估

高血压老年人在开启运动计划之前，务必到医疗机构接受全面且深入的医学评估。综合考量多方面因素，包括患者的年龄、高血压病程的长短、血压控制的稳定程度、是否合并其他心血管疾病（如冠心病、心律失常等）、脑血管疾病（如脑梗死、脑出血病史）、肾脏疾病（如肾功能不全）以及身体的整体功能状态等。例如，血压较高（收缩压持续高于160mmHg或舒张压高于100mmHg）的老人，贸然开展运动可能会加重病情；而对于合并严重冠心病的老年人，高强度运动极易诱发心绞痛甚至心肌梗死等危及生命的状况。通常会进行一系列检查，如心电图检查以评估心脏的电活动和心肌供血情况，心脏超声检查了解心脏结构与功能，动态血压监测掌握全天血压波动规律，以及血液生化检查（包括血脂、血糖、肾功能等指标）等。依据详尽的医学检查结果，医生能够精准判断患者是否适宜运动，并制订出个性化、科学合理的运动处方。

（二）身体准备

老年人在运动前要选择合适的运动装备，应挑选具有良好支撑性、稳定性、舒适性且减震效果好的运动鞋。鉴于老年人平衡能力下降且高血压可能影响神经系统功能，合适的鞋子能有效降低滑倒、扭伤等意外事故的发生风险。运动时身体会产生热量并出汗，透气吸汗的服装能够及时散发湿气，保持皮肤干爽，防止因衣物潮湿导致身体不适或着凉感冒，进而影响血压稳定。棉质运动服装通常是较为理想的选择，其材质柔软舒适，透气性良好。

热身运动可有效提升体温，增强肌肉的柔韧性和关节的灵活性，为即将开始的正式运动做好充分准备，显著降低运动损伤的发生概率。一般可进行5～10分钟的低强度热身活动，如在室内或室外缓慢步行，速度约每分钟60～80步，让身体逐渐适应运动状态；同时进行关节活动，如转动手腕、脚踝，屈伸膝关节和髋关节，能够充分活动关节周围的肌肉与韧带，促进关节滑液的分泌，减少运动时的摩擦阻力，减少疾病发生概率。

二、适合的运动项目

（一）有氧运动

高血压老年人最适宜的有氧运动可以选择步行，其难度低、运动强度不大，对关节的压力较小，适合所有身体状况的老年人。步行速度可依据个人身体状况灵活调整，一般推荐每分钟70～90步的速度进行匀速步行。在平坦、安全、环境宜人的场所，如公园、小区内的道路或学校操场等地进行步行锻炼，呼吸新鲜空气，享受自然风光，亦可结伴同行、聊天叙事、愉悦身心。每次步行时间可持续30～60分钟，可根据自身耐力逐步增加步行时长。例如，刚开始运动的老年人可以先从每天步行15～20分钟开始，每周步行5～7天，身体感觉适应后，逐渐增加步行时间，每次30～60分钟。运动一段时间后老年人会感觉步伐轻盈、精神愉悦，同时能促进机体血液循环，增强心肺功能，降低血压。

太极拳是一项极具中国传统特色的运动项目，动作缓慢、柔和、连贯，讲究身心合一、呼吸与动作的协调配合。其独特的运动方式能够有效调节呼吸节奏，使呼吸变得深沉而均匀，有助于放松身心，长期锻炼有辅助降压的作用。刚参加锻炼的老年人可从简化二十四式太极拳开始，其动作相对简单，易于掌握。在练习过程中，要注重遵循太极拳的运动要领，如身体重心的平稳转移、肢体的圆活舒展以及眼神与动作的相随等，通过长期坚持练习，可显著改善身体的柔韧性、平衡力和协调性，对高血压的控制产生积极影响。

（二）力量训练

对于身体状况较好、有一定运动基础且血压控制相对稳定的高血压老年人，可以在专业人员的指导下，适当进行轻量级器械的力量训练。例如，使用1～2斤的哑铃进行简单的手臂力量练习，如手臂弯举动作，双手握住哑铃，上臂保持固定，小臂缓慢向上弯举，完成个数根据自身用80%的体力即可，共进行2～3组，组间休息30～60秒。做肩部推举动作时，可以坐于椅子上，双手持哑铃经肩上向上推举，然后缓慢放下，完成个数自定，切忌拼尽全力，同样进行2～3组，组间休息30～60秒。在使用器械训练时，务必掌握正确的动作技巧，避免因姿势不当引发肌肉拉伤或关节损伤。同时，要根据自身的体力和耐力逐渐增加哑铃的重量，但重量不宜过重，以防止血压因过度用力而急剧升高。

自重训练无须借助专门的器械，利用自身重量即可进行锻炼，具有方便易行、安全性高的特点，非常适合高血压的老年人。如深蹲、墙壁俯卧撑、仰卧抬腿等，这些动作在锻炼下肢、上肢和腹部的肌肉力量的同时，还有助于增强身体的稳定性和平衡力。在进行自重训练时，要注意动作的缓慢、平稳，避免突然用力和憋气，以防止血压升高。

（三）柔韧性训练

瑜伽包含丰富多样的体式和独特的呼吸练习，对于提高高血压老年人的身体柔韧性、平衡力和心理放松具有显著功效。老年人可选择一些较为温和、适合初学者的瑜伽体式进行练习，如猫牛式，通过脊柱的屈伸活动来伸展背部肌肉，增强脊柱的柔韧性；树式，单脚站立，将另一只脚放在站立腿的内侧，双手向上合十，有助于提高身体的平衡能力和腿部力量。因老年人的身体肌肉力量减弱、关节硬化、骨干疏散等，不适合做一些复杂动作，应量力而行切勿跟风。在练习瑜伽时，要在专业教练的指导下进行，认真掌握正确的呼吸方法和体式要领，避免过度拉伸造成肌肉或关节损伤，同时要注重身心的放松与专注，通过瑜伽练习达到缓解压力、稳定血压的目的。

在日常生活中，高血压老年人可以随时进行一些简单易行的伸展运动，以缓解肌肉紧张，提高身体柔韧性。这些简单的伸展运动可以每天进行多次，每次每个动作重复2~3遍，尤其适合在长时间久坐或久卧后进行，能够帮助促进血液循环，减轻身体的疲劳感和肌肉僵硬程度，对血压的稳定也有一定的辅助作用。

三、运动强度与时间

（一）运动强度

运动强度的合理控制对于高血压老年人的运动安全和治疗效果起着关键作用。确定运动强度最直接的方法是通过心率监测来评估。一般而言，高血压老年人的运动心率应控制在正常人最大心率（最大心率=220-年龄）的50%~60%内。例如，一位70岁的高血压患者，根据计算其最大心率为220-70=150次/分钟，因为其患有高血压，则他在运动时的心率应控制在75~90次/分钟。在运动过程中，老年人可通过佩戴运动手环或触摸脉搏的方式来监测自己的心率，确保运动强度始终处于适宜区间。特别注意，高血压老年人若运动过程中感觉呼吸急促、心慌、胸闷或过于疲劳，应立即停止运动。另外，还可以采用自我感觉疲劳程度分级法（RPE）来辅助判断运动强度，一般以运动时感觉稍累或有点累（RPE为11—13级）为宜。

（二）运动时间

高血压老年人应根据个人身体状况和运动项目的特点合理安排每次运动的时间。总体来说，有氧运动的持续时间相对较长，每次可进行30～60分钟。例如，步行运动可以分成若干小段进行，如先步行10～15分钟，休息2～3分钟后再继续步行，如此循环，直至达到预定的运动时间。力量训练和柔韧性训练的时间相对较短，力量训练每组动作的时间加上组间休息时间一般为10～15分钟，每次进行2～3组；柔韧性训练每次可进行15～30分钟。力量型运动或球类运动时间亦不可过长。高血压老年人每周运动的总时间应不少于150分钟，可根据自身情况将运动均匀分配到不同的天数进行。需要注意的是，运动时间应循序渐进地增加，避免一开始就进行过长时间的运动，以免身体过度疲劳，影响血压稳定。

四、运动中的注意事项

（一）安全保障

优先选择安全、平坦、无障碍物、空气流通良好且光线充足的运动场所，如公园、社区健身广场或室内健身房等。避免在交通繁忙的道路旁、湿滑的地面、崎岖不平的山路或环境复杂、人员拥挤的地方进行运动，也不可单独到无人区域从事体育运动。例如，在公园内的步行道上进行散步或慢跑，既能享受自然环境，又能保障运动安全；而在交通要道上运动，不仅会受到汽车尾气侵害，还极易因躲避车辆而发生危险。

高血压老年人在运动时务必随身携带一些必要物品，以应对可能出现的突发情况。例如，要携带便携式电子血压计、急救药品等，预防运动中感觉不适，可及时测量血压，了解血压波动情况或进行自救。其次，要准备一些糖果、饼干、饮料等含糖食物，以预防低血糖的发生。由于运动可能会消耗体内的能量，部分老年人尤其是服用降糖药物的患者，可能会出现低血糖症状，及时补充糖分可有效缓解不适。此外，还应携带个人身份信息卡片，注明姓名、疾病史、紧急联系人电话等重要信息，以及急救药品（如硝酸甘油等，对于合并冠心病等心血管疾病的患者）。一旦发生意外情况，周围人员可依据这些信息迅速采取相应的救助措施或联系家人及医疗机构。

（二）身体反应监测

在运动过程中，老年人要时刻密切关注自己身体的各种反应，这对于及时发现潜在风险、保障运动安全至关重要。除了通过心率监测运动强度是否适宜外，还要留意是否出现头晕、头痛、心慌、胸闷、呼吸困难、胸痛、恶心、呕吐、肢体疼痛或麻木等不适症状。一旦察觉上述任何一种症状，应立即停止运动，并原地休息或采取相应的急救措施。例如，若出现头晕、心慌、手抖、出汗等低血糖症状，应立即坐下或躺下，迅速食用携带的含糖食物，一般15分钟后症状可缓解；若出现胸痛、呼吸困难等疑似心血管疾病发作的症状，且休息片刻后仍未缓解或加重，应立即舌下含服硝酸甘油，并呼叫急救人员。同时，要注意观察运动后身体的恢复情况，如疲劳感是否在合理时间内消失、睡眠质量是否受到影响等，以便及时调整运动计划。若运动后疲劳感持续数天仍未减轻，或出现睡眠障碍、食欲减退等情况，可能提示运动强度过大或运动方式不适合，需适当减少运动强度或更换运动项目。

（三）血压变化应对

运动过程中血压水平可能会发生波动，因此需要定期监测血压并做好应对准备。一般来说，运动开始后的一段时间内，血压可能会稍有上升，但随着运动的持续进行，血压通常会趋于稳定或略有下降。然而，如果发现血压升高过快，如收缩压超过200mmHg或舒张压超过110mmHg，则应立即停止运动，并原地休息，待血压有所回落且身体状况稳定后，再缓慢结束运动。同时，要及时记录血压异常变化的情况，并告知医生，以便调整治疗方案或运动计划。为了更好地了解运动对血压的影响，老年人可在运动前、运动中（每隔30分钟左右）和运动后都进行血压监测，掌握相关数据，每天进行比较。通过长期的监测与记录，医生能够更精准地为患者制订个性化的运动与治疗方案，以达到最佳的血压控制效果。

（四）避免不良习惯

在运动过程中，高血压老年人要坚决避免长时间的屏气动作。因为屏气会导致胸腔内压力急剧升高，阻碍静脉回流，进而使血压瞬间大幅上升，增加心脑血管意外发生的风险。例如，在进行力量训练时，如举重或俯卧撑等动作，不要像年轻人一样过度憋气用力，而应保持自然、平稳的呼吸节奏，做到动作与呼吸的协调配合。可采用呼气时发力、吸气时放松的呼吸方式，以减轻胸腔压力变化对血压的影响。

老年人在运动过程中还需注意避免突然改变体位，尤其是从蹲位或卧位突然站起。由于高血压可能导致血管弹性下降、自主神经功能失调，突然改变体位时容易引起血压波动，出现头晕、眼前发黑甚至晕厥等症状。因此，在起身时应缓慢进行，先从蹲位或卧位变为坐位，稍做休息后再缓慢站起，给身体足够的时间适应体位变化，保持血压的相对稳定。

五、运动后的恢复与调整

运动结束后，不要立即停止活动，而应进行5~10分钟的放松运动，以帮助身体逐渐从运动状态恢复到平静状态，缓解肌肉酸痛和疲劳感。可以进行缓慢的步行、轻松的全身伸展运动以及深呼吸练习等，以促进血液回流，防止血液在下肢淤积。例如，在步行运动结束后，可以先放慢步行速度，再逐渐过渡到缓慢的原地踏步，然后进行全身的伸展运动。如站立位体前屈，双脚并拢，双腿伸直，缓慢弯腰，用手尽量去触摸地面，感受腿部后侧和腰部的拉伸；深呼吸练习可以帮助放松身心，缓解运动后的紧张情绪。

第三节 脑血栓后遗症老年人的体育运动设计

老年群体是脑血栓症的高危人群。脑血栓作为一种常见的脑血管疾病，即便患者度过了急性期治疗阶段，仍有相当比例的人会留下不同程度的后遗症，如肢体运动受限、言语表达不畅、认知功能衰退等。

在脑血栓后遗症患者的康复进程中，体育运动扮演着极为关键的角色。适度运动能有效改善患者的肢体功能，提升身体的平衡感与协调性。同时，还可助力心血管功能的恢复，增强肌肉力量，预防肌肉萎缩以及关节挛缩等状况。值得一提的是，规律运动还能对患者的心理状态起到积极的调节作用，显著提升他们的生活质量，帮助患者更好地回归正常生活。

然而，由于患者存在神经功能缺损的特殊情况，其体育运动的开展需要高度的专业性、针对性和安全性保障。

一、运动前评估与准备

（一）医学评估

在开始运动康复计划之前，脑血栓后遗症患者必须接受专业医生的全面医学评估。医生会综合考虑患者的病情严重程度、发病时间、是否存在其他合并症（如高血压、糖尿病、心脏病等）以及当前的身体功能状态等因素。例如，对于近期刚发生脑血栓且病情尚未稳定的患者，过早开展运动可能导致病情恶化；而对于合并严重心脏病的患者，某些高强度运动可能引发心脏意外。通常需要进行一系列检查，包括颅脑影像学检查（如头颅CT、MRI）以了解脑部病变情况和恢复程度，心电图检查评估心脏功能和心律是否正常，血压监测确定血压是否控制在合适范围。基于这些检查结果，医生能够准确判断患者是否适合进行运动康复训练，并制订出个性化的运动处方。

（二）身体准备

脑血栓后遗症患者往往存在肢体运动不协调或平衡能力下降的问题，合适的鞋子可以有效降低滑倒、扭伤等意外事故的发生风险，为运动提供安全保障。例如，鞋底有足够深的纹路和良好弹性，鞋面柔软透气且能对脚部提供适当包裹的鞋子较为理想。穿着宽松、透气、吸汗的运动服装。运动过程中身体会发热出汗，透气吸汗的服装能够保持皮肤干爽，避免因衣物潮湿导致身体不适或着凉感冒，影响康复训练的进行。棉质运动服装通常是较好的选择，其材质柔软舒适，有利于肢体的活动。

二、适合的运动项目

（一）肢体功能康复训练

对于肢体运动严重障碍、无法自主活动的患者，被动运动是早期康复的重要手段。在康复过程中，家人或康复治疗师协助患者进行肢体活动极为重要。上肢训练涵盖多个部位：肩部需进行外展、内收、前屈以及后伸运动；肘部则以屈伸动作为主；腕部包含屈伸和旋转动作；手指主要进行屈伸训练。下肢训练同样丰富，髋关节有屈伸、外展与内收动作；膝关节开展屈伸活动；踝关节则进行背屈、跖屈和旋转练习。每个动作均应缓慢执行，建议重复5～10次，每日完成2～3组训练。被动运动要注意动作的轻柔、缓慢，避免过度用力造成关节损伤或疼痛，同时要观察患者的表情和反应，如有不适应立即停止。

对于肢体有一定的主动运动能力，但部分肢体活动障碍、力量不足的患者，可进行主动助力运动。例如，使用健侧肢体辅助患侧肢体进行活动，如双手握住一根木棍，健侧手用力带动患侧手进行肩部的上举动作；或者在康复治疗师的辅助下，患者尝试进行下肢的站立和缓慢行走练习，治疗师给予适当的力量支持和引导。主动助力运动可以逐渐增强患侧肢体的肌肉力量和运动协调性，每次练习时间可根据患者的耐受程度控制在10～20分钟，每天进行2～3次。

针对肢体功能恢复状况较为理想的患者，主动运动训练是进一步提升功能的有效途径。手部方面，可开展精细动作练习，例如捏取豆子、扣系衣扣、书写文字等，这些练习有助于增强手部的灵活性与协调性。下肢训练则包含深蹲、原地踏步以及短距离行走等项目，随着训练推进，逐步增加行走的距离并适当提高速度。

在进行主动运动期间，患者务必重视动作的规范性与安全性。错误的姿势极易引发摔倒或造成其他损伤。

建议每次主动运动的时长控制在20~30分钟，每周进行4~5次训练，以达到最佳的康复训练效果。

（二）平衡与协调训练

患者坐在床边或椅子上，双脚着地，先进行静态平衡训练，保持身体稳定，不晃动，可逐渐延长保持时间，从最初的几秒钟到几分钟；然后进行动态平衡训练，如在座位上进行头部转动、上肢前伸后缩、左右侧屈等动作，同时保持身体平衡。也可以在康复治疗师的辅助下，进行坐位的重心转移训练，如向左、右、前、后方向缓慢移动身体重心，感受平衡的变化并及时调整。当患者坐位平衡能力练习效果较好时，可进行站立位平衡训练。患者借助助行器或在家人、治疗师的搀扶下站立，先进行双脚并拢站立的静态平衡训练，然后逐渐过渡到双脚分开站立、单脚站立等训练，同时可结合上肢的动作，如双手持物、上肢伸展等，增加平衡训练的难度。站立位平衡训练每次持续时间安排10~15分钟，每天练习2~3次。随着平衡能力的提高，可逐渐减少辅助，独立进行站位平衡练习。

平衡能力得到改善后，要加强步行与步态的训练。练习时先从短距离、缓慢的步行开始，根据能力改善效果，逐渐增加步行的距离并提高速度。照料者可在一旁观察患者的步态，纠正异常步态，如偏瘫步态（表现为患侧下肢划圈、上肢屈曲内收等），指导患者正确地摆臂、抬腿、着地等动作。患者可在平坦的地面、有扶手的走廊或康复训练室内进行步行训练，每次步行时间可根据自身情况控制在10～20分钟，每天进行2～3次。

（三）有氧运动

当患者的肢体功能恢复至一定水平时，室内脚踏车运动不失为一种优质的有氧运动选择。患者先坐在脚踏车上，根据自身舒适度精准调节座位高度以及踏板位置，随后以平稳、匀速的节奏开始踩踏动作。运动初始阶段，可将阻力设置在较低水平，随着身体适应能力逐步提升，再循序渐进地增加阻力数值，并适当延长运动时长。建议每次运动时间维持在15～30分钟，每周安排3～4次运动。通过室内脚踏车运动，能高效锻炼下肢肌肉力量，显著提升心肺功能，有力促进身体血液循环，助力患者康复。

功能恢复期的有氧运动还可以选择慢走。患者在户外或室内宽敞、平坦、安全的地方进行慢走练习，速度一般控制在每分钟40～60步。可以逐渐增加行走的距离和时间，如从最初的每次行走10～15分钟，逐渐增加到30～60分钟，每周可进行4～5次慢走运动。

三、运动强度与时间

（一）运动强度

对于脑血栓后遗症患者而言，精准确定运动强度是康复过程中的关键环节，必须充分考量患者的个体差异以及实际身体状况，进行合理且个性化的调整。在评估运动强度时，通常将心率监测与患者自我感知的疲劳程度相结合，以此作为科学依据。

就多数患者而言，运动期间心率控制在最大心率（最大心率可通过公式"220−年龄"得出）的50%~70%区间较为合适。以一位60岁患者为例，其最大心率为220减去60，即160次/分钟，相应地，该患者运动时心率应维持在80~112次/分钟。同时，患者在运动进程中，应仅产生轻微疲劳感，且能够毫无困难地与人轻松交谈。一旦出现呼吸急促、心慌意乱、胸闷不适或者极度疲惫等症状，这无疑是运动强度过大的明确信号，此时患者必须即刻停止运动，进行适当的休息调整。

特别需要注意的是，针对那些肢体功能障碍较为严重、身体状态相对虚弱的患者，起始运动强度应当适当降低，可从最大心率的40%~50%起步，随后依据身体适应情况，逐步、稳步地增加运动强度，确保康复训练安全、有效地推进。

（二）运动时间

脑血栓后遗症病人每次运动的时间也应循序渐进地安排。一般来说，肢体功能康复训练每次可进行20～60分钟，可分为若干个小阶段进行，中间适当休息，避免患者过度疲劳。例如，将60分钟的康复训练分为3个20分钟的阶段，每个阶段之间休息5～10分钟。有氧运动的时间相对较长，如室内脚踏车运动每次15～30分钟，慢走每次10～60分钟。但要注意避免连续长时间运动，给身体足够的恢复时间。

四、运动中的注意事项

（一）安全保障

应选择安全、平坦、无障碍物、宽敞明亮且有扶手或支撑物的运动场所，如康复训练室、室内走廊、公园的无障碍通道等。避免在湿滑的地面、狭窄的空间或人员拥挤嘈杂的地方进行运动，以防止摔倒、碰撞等意外事故的发生。例如，在康复训练室内进行运动时，要确保训练器材摆放整齐，地面干净无积水；在户外进行慢走时，要选择路况良好、行人较少的道路。

对于肢体运动障碍较重或平衡能力较差的患者，在运动过程中需要有家人或康复治疗师专人辅助和监护。

辅助人员要熟悉患者的病情和运动能力，在患者进行运动时给予适当的力量支持、动作引导和保护。例如，在患者进行站位平衡训练时，辅助人员要站在患者身旁，随时准备扶住患者，防止其摔倒；在患者进行步行训练时，辅助人员可在患者前方或侧方引导其正确的步态，同时在患者出现不稳时及时给予帮助。

患者外出运动时，应随身携带必要物品，如急救药品、个人身份信息卡片（注明姓名、疾病史、紧急联系人电话等）以及便携式水杯，以便在运动过程中及时补充水分。如果患者在运动中出现突发不适，周围人员可根据这些信息迅速采取相应的救助措施或联系家人及医疗机构。

（二）身体反应监测

在运动过程中，患者要密切关注自己身体的各种反应，除了心率和疲劳感外，还要留意是否有头晕头痛、心慌气闷、呼吸急促、器质疼痛或麻木等。一旦出现，立即停止运动，采取相应的急救措施。例如，若患者出现头晕、心慌等症状，可能是血压波动或心脏负担过重，应立即坐下或躺下，呼叫他人帮助。同时，辅助人员要观察患者的表情、面色和出汗情况等，以便及时发现异常。如果患者在运动后出现疲劳感持续不缓解、睡眠质量下降、食欲减退等情况，可能提示运动强度过大或运动方式不适合，应及时调整运动计划。

（三）避免不良姿势与动作

脑血栓后遗症患者常出现异常步态，如偏瘫步态等，在运动过程中要及时纠正。康复治疗师要指导患者正确的摆臂、抬腿、着地等动作，强调身体重心的平稳转移。例如，在步行训练时，提醒患者患侧下肢迈步时要尽量伸直膝关节，脚尖向前，避免划圈动作；同时，健侧上肢要主动摆动，带动身体前进。通过不断的纠正和练习，逐渐改善步态，提高步行的效率和安全性。

例如，在进行肢体力量训练时，不要勉强举起过重的物体或进行过于剧烈的动作，应根据自身的能力选择合适的重量和运动强度。如果在运动过程中感觉某个动作过于吃力，应立即停止，调整运动方式或降低强度。

五、运动后的恢复与调整

（一）放松活动

当完成运动训练后，切不可骤然停下所有活动，而应接续开展5～10分钟的放松运动，以此助力身体平缓地从活跃的运动状态回归至平静常态。

以步行运动为例，结束步行后，首先放缓步伐，逐渐过渡至在原地缓慢踏步。随后，进行全身伸展运动。站立位体前屈是不错的选择，双脚并拢并保持双腿笔直，缓缓弯腰，尽力用双手触碰地面，在这个过程中充分感受腿部后侧与腰部的舒展拉伸，每次保持15～30秒。

接着是手臂和肩部的环绕运动。双手自然下垂，先以顺时针方向，缓慢转动肩部，带动手臂画圈，完成5～8圈后，再逆时针重复同样动作。这一运动能够有效放松肩部和手臂的肌肉。

深呼吸练习同样不可或缺，它有助于舒缓身心，消除运动后的紧张感。具体做法是，进行5～10次深呼吸：吸气时，徐徐将气息吸入，让腹部逐渐膨胀；呼气时，缓缓吐出，充分感受身体的放松。通过这些放松运动，能更好地促进身体恢复，为下一次运动做好准备。

（二）康复效果评估

一般可每隔1～2周进行一次简单的评估，如观察患者的步行距离、速度和步态是否有改善，手部精细动作是否更加灵活；每隔1～3个月进行一次较为全面的评估，包括使用专业的康复评估量表（如Fugl-Meyer评估量表等）对肢体功能进行量化评估，进行心肺功能测试（如6分钟步行试验等）等。根据评估结果，康复治疗师可以调整运动项目、强度和时间，以达到更好的康复效果。

（三）运动计划调整

如果患者在运动过程中某个动作或项目进展顺利，且身体能够适应，可以适当增加难度或强度，如增加肢体力量训练的重量、延长步行的距离或加快步行速度等；如果患者出现运动损伤、疲劳感过重或康复效果不佳等情况，则应降低运动强度、减少运动时间或更换运动项目。例如，若患者在进行深蹲练习时出现膝关节疼痛，应暂停深蹲训练，改为进行腿部的伸展和放松练习，待疼痛缓解后再调整深蹲的姿势和重量，重新开始训练。同时，运动计划的调整应遵循循序渐进的原则，避免突然大幅度改变运动方案，给患者身体带来不适或影响康复进程。

总之，脑血栓后遗症病人的体育运动康复训练是一个长期、系统且个性化的过程。通过科学的评估、合理的运动项目选择、精准的强度与时间把控、严格的注意事项遵守以及有效的恢复与调整措施，加上在整个康复过程中，患者、家属和康复治疗师的密切配合，共同努力，定能为患者的康复创造良好的环境。

附：

老年人一周训练方案参考

周一：肢体功能与平衡训练

热身（10分钟）：在床边或椅子上进行缓慢的关节活动，如转动手腕脚踝各5圈，屈伸膝关节和髋关节各5次，然后在辅助下缓慢站立，原地踏步3分钟。

被动运动（20分钟）：由他人帮助患者进行上肢和下肢的被动活动。上肢包括肩部外展、内收、前屈、后伸各5次，肘部屈伸10次，腕部屈伸和旋转各5次，手指屈伸10次；下肢包括髋关节屈伸、外展、内收各5次，膝关节屈伸10次，踝关节背屈、跖屈和旋转各5次。

坐位平衡训练（15分钟）：患者坐在床边或椅子上，先保持静态平衡5分钟，然后进行头部转动、上肢前伸后缩等动态平衡练习，每次动作保持3~5秒，重复10次，过程中可适当增加难度，如手持轻物进行动作。

放松（10分钟）：缓慢步行5分钟后，进行全身伸展，如站立位体前屈保持15秒，手臂肩部环绕各5圈。

周二：步行与肢体主动运动训练

热身（10分钟）：同周一热身动作，之后在辅助下站立，双脚与肩同宽，缓慢左右移动重心5次。

步行训练（20分钟）：借助助行器或在他人搀扶下，在平坦的室内或室外缓慢行走。先行走5分钟，休息2分钟，再行走5分钟，然后尝试不借助辅助行走较短距离（根据患者能力而定），重复2～3次。过程中注意纠正异常步态。

主动运动（20分钟）：患者进行简单的手部精细动作，如用患侧手捏起小豆子放入容器，重复10次；下肢主动运动，如坐在椅子上，主动缓慢抬起患侧腿伸直，保持5秒后放下，重复10次。

放松（10分钟）：坐在椅子上，深呼吸5～10次，然后进行腿部和手臂的按摩放松。

周三：休息

让患者充分休息，可进行简单的日常活动，如在室内缓慢踱步、自己进食等轻松活动，避免过度劳累，同时可进行一些心理放松活动，如听音乐等。

周四：平衡与协调及有氧运动训练

热身（10分钟）：缓慢步行3分钟后，进行简单的关节活动操，每个关节活动3～5次。

站位平衡训练（20分钟）：患者借助辅助站立，

先双脚并拢静态站立5分钟，然后逐渐过渡到单脚站立（健侧脚），每次保持5～10秒，重复5次，其间可结合上肢动作增加难度，如双手向上伸直或左右摆动。

室内脚踏车运动（15分钟）：调整好脚踏车座位和踏板，以较低阻力缓慢踩踏，速度适中，持续15分钟，过程中如有不适可暂停休息。

放松（10分钟）：缓慢步行5分钟后，进行全身肌肉的拉伸放松，重点在腿部和腰部肌肉。

周五：肢体功能强化训练

热身（10分钟）：坐在床边进行全身关节活动，如转动头部、耸肩、转动腰部等动作，每个动作5～10次，然后缓慢站立，原地踏步2分钟。

自身助力康复练习（25分钟）：使用健侧肢体辅助带动患侧肢体活动。例如双手握住一根木棍，健侧手用力带动患侧手进行肩部上举动作10次；仰卧位，双腿屈膝，健侧腿辅助患侧腿进行髋关节外展内收动作10次。

手部功能协调训练（15分钟）：进行捡豆子、系扣子、翻书等手部动作练习，每个动作重复5～10次，可逐渐增加难度，如使用较小的扣子或较薄的纸张。

放松（10分钟）：坐在椅子上，进行深呼吸放松练习5～10次，然后进行手臂和手部的按摩放松。

周六：综合训练与户外活动（若天气和患者身体状况允许）

热身（10分钟）：在室内缓慢步行并进行简单关节活动。

综合训练（30分钟）：包括站立位平衡练习5分钟，步行练习10分钟（可尝试在户外平坦道路行走），上肢和下肢的主动运动练习10分钟（如站立位进行手臂伸展、抬腿等动作），过程中可适当休息。

放松（10分钟）：在户外或室内安静处，进行全身的伸展和放松运动，如站立位体前屈、侧腰拉伸等动作，每个动作保持15~30秒。

周日：轻松活动与康复总结

进行20~30分钟的轻松活动，如在室内缓慢散步，同时回忆本周康复训练的内容和自身感受。

可以与家人或康复师交流本周训练的进展和遇到的问题，为下周训练计划的调整提供依据，也可进行一些简单的心理调适活动，如与家人聊天、观看轻松的电视节目等。

运动注意事项：

运动前务必测量血压等生命体征，若血压过高（收缩压大于180mmHg或舒张压大于110mmHg）或有其他不适，应暂停运动并咨询医生。

运动过程中要有专人陪伴，尤其是平衡能力较差或肢体运动障碍严重的患者，防止摔倒等意外发生。

患者应穿着舒适、合脚、防滑的鞋子和宽松的运动服装，运动环境要安全、无障碍物。

运动要循序渐进，根据患者的耐受程度和康复进展逐渐增加运动强度和时间，不可急于求成。